HEYNE <

GUNNAR LOTT

ELTERN GEHEIMNISSE

Tricks von Eltern für Eltern

WILHELM HEYNE VERLAG
MÜNCHEN

FSC
www.fsc.org
MIX
Papier aus verantwortungsvollen Quellen
FSC® C014496

Verlagsgruppe Random House FSC-DEU-0100
Das für dieses Buch verwendete
FSC®-zertifizierte Papier *Lux Cream* liefert
Stora Enso, Finnland.

Originalausgabe 03/2011

Printed in Germany 2011
Umschlaggestaltung: Eisele Grafik-Design, München,
unter Verwendung eines Motivs
von: © exxor graphics/iStockphoto
Illustrationen: Jürgen Frey, www.juergenfrey.de
Satz: C. Schaber Datentechnik, Wels
Druck und Bindung: GGP Media GmbH, Pößneck
ISBN: 978-3-453-60161-1

www.heyne.de

Für Sandra und Marleen,
ohne die es nicht gehen würde

Inhalt

Vorwort:
Elterngeheimnisse? Was soll das? 11

Das erste Jahr:
Wickeln, Windeln, Weinen und der Wahnsinn 13

Der Schlaf von Neugeborenen 14 · Rudernde Babyarme 15 · Pucken 16 · Moro-Reflex 17 · Summen statt singen 18 · Das leidige Einschlafen 19 · Das war der Tag 20 · Wir Papageien 21 · Weißes Rauschen 22 · Himbeer-Zähne 23 · Das Kuscheltier ist wasserscheu 24 · Die Anti-Reizwindel 25 · Besser wickeln 26 · Langsam abstillen 27 · Erstes Fläschchen nach dem Stillen 28 · Richtig stillen 29 · Neues Baby und Geschwister 30 · Das Baby beruhigen 31 · Laktose-Unverträglichkeit 32 · Blähungen 33 · Lesen und Musik 34 · Jede Minute zählt 35 · Vormachen! 36 · Geschenk vom Neugeborenen 37 · Abends baden 39 · Mit dem Baby sprechen 40 · Geregelter Tagesablauf 41 · Alles ausräumen! 42 · Einfacher anziehen 43 · Mama bauchfrei, Tochter im Wintermantel 44 · Vom Boden kann man nicht herunterfallen 45 · Handeln, als hätte man doppelt so viele Kinder 46 · Babysitter früh einsetzen 47 · Autofahren mit Baby 48 · Oma auf dem Schirm 49 · Phasen, alles nur Phasen 50 · Was sehen von der Welt 51 · Sparen an der Erstausstattung 52 · Der Fototermin 53

Gesundheit:
Medikamente geben, Aua wegpusten 55

»Aua« wegpusten 56 · Karies bei Kleinkindern vermeiden 57 · Zahnarzt und Frisör 58 · Trinkt Jedi-Cola! 59 · Tägliche Dosis 60 · Impfen ohne Weinen 61 · Kühles für die Beule 62 · Das Pflaster 63 · Honig gegen Allergien 64 · Nutella gegen Schluckauf 65 · Die Creme-Chefs 66 · Aufzug-Keime 67 · Das tut gar nicht weh 68 · Sonnencreme-Make-up 69

Küche und Haushalt:
Kochen, Füttern und der Kampf ums Überleben 71

Süßigkeitenkontrolle 72 · Erlebnisessen 73 · Kein Kaffee für Kinder 74 · Essen und Einkaufen 75 · Gemüsepfanne als Baukasten 76 · Kochen und Schnippeln 77 · Essen mit dem Auto 78 · Gemeinsame Mahlzeiten 79 · Essen und Emotionen 80 · Kind zum Trinken bringen 81 · Die Kunst, keine Wahl zu lassen 82 · Anfüttern 83 · Mehr Obst füttern 84 · Schulbrote einfrieren 85 · Antizyklisch kochen 86 · Kaugummi im Haar 87 · Mehr Obst trinken 88 · Eigener Garten 89 · Fruchtsaft statt Eis 90 · Erste Hilfe bei Flecken 91 · Alles zugänglich 92 · Pragmatisch Haare schneiden 93

Was man im Badezimmer tut:
Zähneputzen und der ganze Rest 95

Wann beginnen mit dem Zähneputzen? 96 · Fußnägelschneiden ohne Geschrei 97 · Fingernägelschneiden leicht(er) gemacht 98 · Zähneputzen oder nix Süßes 99 · Ist das heiß? 100 · Froschige Hände 101 · Zähneputzen mit Spaß 102 · Haarewaschen! 103 · Leichter ins Bad 105 · Der Zahnputzpass 106 · Der Zahnputzsong 107 · Die Sache mit dem Töpfchen 108 · Das stille Örtchen 109 · Der Zahnputztiger 110 · Das elterliche Geschlechtsteil 111

Trotzen und Streiten: Methoden gegen den Wutanfall 113

Argh, die Trotzphase! 114 · Schreien lassen 115 · Trotzanfall beenden 116 · Alles auf Anfang 117 · Wortblume, Wortschwert 118 · Das Kind beißt! 119 · Lauter schreien 120 · Ruhig bleiben 121 · Paradoxe Reaktion 122 · Der böse Schuh 123 · Erst mal abwarten 124

Verhalten und Haltung: Das Kind dazu bringen, etwas zu tun 125

Haltung bewahren 126 · Verloren im Supermarkt 127 · Gib das mal her! 128 · Ereignisse gemeinsam planen 130 · Hinfallen ohne Geschrei 131 · Selber laufen 132 · Machen lassen 133 · Flüstern gegen Schreien 134 · Die Anschnallsocke 135 · Das gespiegelte Verhalten 136 · Licht aus! 137 · Noch eins – dann ist Schluss 138 · Neues Geschwister 139 · Brüder im selben Zimmer 140 · Spielzeug-Timer 141 · Hausarbeiten 142 · Vorbilder arrangieren 143 · Im Spielzeugladen 144 · Kindergeburtstag: Wie viele Gäste? 145 · Zieh das an! 146 · Im Schlafanzug in den Kindergarten 147 · Mittags schlafen 148 · Warum? Darum! 149 · Nur nicht »Gummibär« sagen 150 · Abschied nehmen 151 · Ganze Sätze bilden 152 · »Aua« als Waffe 153 · Lesen lernen mit der TV-Zeitschrift 154 · Angst im Dunkeln 155 · Gemeinsam erziehen 156 · Lernwörterkartei 157 · Die eigene Tasche 158 · Monster im Schrank! 159 · Erst mal wegräumen 160 · Der Polizei-Korb 161 · Zusammen aufräumen 162 · Schuhstreit 163 · Schreiben lernen 164 · Die Aufräum-Eisenbahn 165 · Die Aufräum-Fee 166 · Nicht zu früh aufräumen 167 · Aus der Schule plaudern 168 · Die kaputte Schallplatte 169 · Umgedrehte Geschichte 170 · Wegschnappen 171 · Auch mal ohne Geschwister 172 · Richtig teilen 173 · Gefährliche Vorfreude 174 · Um die Wette! 175 · Der erste Schultag 176 · Das Spielzeug-Gefängnis 177 · Schnuller-Entwöhnung I 178 · Schnuller-

Entwöhnung II 179 · Daumen raus! 180 · Keine Angst vor Alltagsgefahren 181 · Fremde Hunde 182 · Richtig loben 183 · Das Projekt Aufräumen 184 · Spardosenpolitik 185 · Kämpfe auch mal ausfechten 186 · Schuhe kaufen 187 · Selbstbewusstsein fördern 188 · Das Ikea-Prinzip 189 · Die Schnecke schläft 190 · Spielzeug in den Keller 191 · Die Region da unten 192

Spielzeug im Kampfeinsatz: Spielen, Toben und sonstige Aktivitäten 193

Tricks mit Wandfarbe 194 · Papas PC 195 · Das Smartphone retten! 196 · Rollentausch 197 · Das eigene Fotoalbum 198 · Aktivitäten kombinieren 199 · Einkaufen ohne Stress 200 · Unterwegs mit dem Auto 201 · Der kleine rote Fisch 202 · Und nochmal! 203 · Die Regenkiste 204 · Das mit den Rosinen 205 · Die einfachsten Dinge 206 · Reisen und Schwimmen 208 · Spielzeugtradition 209 · Unterwegs mit dem Roller 210 · Die Stillkiste 211 · Spielzeug neu präsentieren 212 · Schatzsuche im Supermarkt 213 · Weniger Bildschirmzeit 214 · Teddy-Doppelgänger 215 · Seifenblasen! 216 · Malen mit Kindern 217

Und was ist mit mir? – Eltern und sonstige Probleme 219

Eltern-Freiräume 220 · Ohrenstöpsel 221 · Wer wickelt? 222 · An sich selber denken 223 · Hausaufgabenhilfe vermeiden 224 · CSI: Kinderzimmer 225 · Hosen sparen 226 · In Ruhe Sport machen 227 · Wie groß wird mein Kind? 228 · Vollüberwachung 229 · Gegen die Elternlangeweile 230 · Handy-Tattoo 231 · Tagebuch führen 232 · Die Klamottentauschkette 233

Bonus: Oh Gott, wir sind schwanger 234

Dank 238

VORWORT:
Elterngeheimnisse? Was soll das?

Dem Engländer John Wilmot (ein Poet und adeliger Wüstling) wird folgender Ausspruch zugeschrieben: »Ehe ich heiratete, hatte ich sechs Theorien über das Erziehen. Jetzt habe ich sechs Kinder und keine Theorien mehr.« Der amerikanische Blogger Matthew Baldwin beschreibt das Elternsein als »eine Serie von Querdenker-Rätseln«. Und der Komiker Bill Cosby nannte das Erziehen einen »dunklen Kontinent«, für dessen Durchquerung man vor allem Liebe, Glück und Mut benötige.

So ist das: Kinder stellen uns täglich vor neue Herausforderungen – und keine Theorie, kein Lehrbuch gibt die Antworten auf alle Fragen. So müssen wir täglich unsere Kreativität erneut beweisen: Wir alle, die wir Kinder haben, erfinden ständig kleine Tricks, um irgendetwas zu erreichen. Wir denken uns ein Spiel aus, um aus dem täglichen Zähneputzen ein lustiges Ritual zu machen. Wir nehmen einen Ball mit zum Schuhkauf, um ihn durch den Laden zu werfen, damit das Kind hinterherrennt – und nicht in den ungewohnten Schuhen erst mal wie angewurzelt stehen bleibt. Wir wickeln den Teddy und die Puppe, um den Nachwuchs dazu zu bringen, sich leichter die Windel wechseln zu lassen. Wir führen ein komplexes Verabschiedungsritual durch, wenn unser Sprössling sich nicht von einem Spielkameraden trennen will. Wir legen eine alte PC-Tastatur neben die richtige, damit das Kind unser Herumtippen nachahmen kann, ohne das System zum Absturz zu bringen. Wir machen Schnullerbegräbnisse.

Jeder hat seine Methoden, jeder hat seine Ideen. Manche erzählen wir Freunden, manche behalten wir für uns, manche vergessen wir einfach wieder.

Dieses Buch stellt Tricks und Tipps und Methoden vor, die der Autor im Lauf eines Jahres unter den Lesern der Webseite *www.elterngeheimnisse.de* und der Facebook-Gruppe unter *www.facebook.com/elterngeheimnisse* gesammelt hat. Es ist kein Ratgeber im klassischen Sinne, es folgt keiner Ideologie, es will einfach zeigen, wie andere Eltern mit typischen Problemen im Erziehungsalltag umgehen. Das ist im Idealfall hilfreich und hoffentlich auch noch unterhaltsam zu lesen.

Die Tipps sind keine Patentrezepte, und manches ist sicher nicht besser als die Methode, auf die Sie, geschätzte(r) Leser(in), schon selber gekommen sind. Lassen Sie sich also nicht verrückt machen.

Aber gehen Sie mit uns auf die Reise durch den Alltag von über hundert Eltern aus Deutschland, Österreich und der Schweiz – lassen Sie sich anregen, probieren Sie Vielversprechendes mit Ihrer Familie aus. Manchmal sind es gerade die kleinen Ideen, die den Alltag für alle leichter machen.

Gunnar Lott

PS: Ein Hinweis vorab: Wenn Sie noch keine Kinder haben, sollten Sie vielleicht erst einmal den ausgesprochen ehrlichen Text lesen, der auf Seite 234 beginnt. Der Autor berichtet darin von der Schwangerschaft seiner Frau, den Reaktionen des Umfelds und gibt aus eigener Erfahrung ein paar gute Ratschläge, darunter den, Ratschläge an sich mit Vorsicht zu genießen.

DAS ERSTE JAHR:

Wickeln, Windeln, Weinen und der Wahnsinn

Der Schlaf von Neugeborenen

Unsere gesammelten Erkenntnisse aus den ersten Lebenswochen unseres Erstgeborenen:

- Ein Stück Tuch oder etwas Ähnliches, das weich ist und nach Mama riecht, hilft beim Schlafen.
- Ein Schlafsack zum Überstülpen, ohne Knöpfe oder Reißverschluss, ist das praktischste Kleidungsstück für die ersten Nächte.
- Hat das Kleine lange Fingernägel (die man aber noch nicht schneiden möchte), kann man dünne Söckchen über die Hände ziehen.
- Ein Spieluhr, die man ab der 20. Woche der Schwangerschaft hin und wieder an den Bauch hält, gewöhnt das Ungeborene an das Geräusch und erleichtert den Einsatz von Musik nach der Geburt.

anonym

Rudernde Babyarme

Unsere kleine Tochter (sieben Wochen) tut sich schwer mit dem Einschlafen. Der Zustand zwischen Wachsein und Schlafen veranlasst sie immer zu Gemecker – oder gar zu Geschrei.

Ich nehme daher nun immer ihre rudernden Hände und halte sie fest vor ihrem Bauch zusammen. So hat sie Halt und Kontakt und kann sich nicht durch die fliegenden Ärmchen selber ablenken.

Sie entspannt sich dann erstaunlich schnell.

Zusätzlich lege ich ihr meine zweite Hand auf die Wange, so dass sie nicht mehr an die unendlich weit entfernte Decke schauen kann, bis sie ihre Äuglein geschlossen hat. Wenn ich dann noch ein Gutenachtlied summe, klappt es mit dem Einschlafen in den allermeisten Fällen.

Nach einigen Minuten nehme ich dann erst die Hand vorsichtig von der Wange, dann stelle ich das Summen ein, und schließlich kann ich auch ihre Hände loslassen.

anonym

Pucken

Babys haben's schwer: Die wilde Welt tobt um einen herum, Licht, Geräusche, Bewegungen, und man selber kann nahezu nichts beeinflussen. Da muss man dann eben schreien.

Unsere Tochter war zu Beginn sehr schreifreudig, um sie zu beruhigen, haben wir eine alte Methode angewandt: das Pucken. Dabei wird das Kleine mit einem Tuch einfach wie ein Paket eingewickelt, so dass es die Arme gar nicht mehr und die Beinchen kaum noch bewegen kann. Das dient dazu, den Stress für das Kind zu reduzieren – Babys machen sich ja zuweilen selber verrückt, indem sie mit den Ärmchen vor dem eigenen Gesicht herumfuchteln und dann aufgrund der hastigen Bewegung irritiert sind.

Man kommt sich ein bisschen fies vor, fast als würde man jemandem eine Zwangsjacke anziehen, aber man merkt, wie das Kind danach ruhiger wird. Man kann das Pucken quasi von Beginn an einsetzen und für die ersten paar Monate beibehalten.

Gunnar Lott

Moro-Reflex

Säuglinge haben noch den sogenannten Moro-Reflex, der bewirkt, dass sie die Arme ausbreiten und zugreifen, wenn sie schnell aus einer aufrechten Lage in die Rückenlage gebracht werden. Diesen Reflex haben auch junge Säugetiere. Wikipedia sagt dazu: »Bei Jungtieren, die von ihren Eltern am Körper getragen werden, verhindert der Moro-Reflex auch das Herunterfallen vom elterlichen Körper durch das Nachgreifen im Fell.«

Daher sollte man Babys, die jünger als drei Monate sind, eher ein bisschen über die Seite ablegen, um den Reflex nicht auszulösen und das eventuell schlafende Kind nicht aufzuwecken. Es ist nur eine Kleinigkeit, aber man kommt meist nicht von selber drauf.

Burkhardt

Summen statt singen

Dass gerade kleine Kinder mit einem Gutenachtlied besser einschlafen, ist kein großes Geheimnis.

Blöd nur, wenn Papa kein großer Sangeskünstler und bei Tonhöhen eher unsicher ist – von den Schlafliedtexten ganz zu schweigen. Die Lösung: Es reicht schon ein tiefes Summen, um das Kind zu beruhigen. Wagemutige Väter wechseln langsam zwischen zwei Tönen hin und her. Auf Harmonie kommt es dabei zum Glück nicht an, es ist für das Kind lediglich wichtig, Papas »Stimme« zu hören.

Alternativ kann man natürlich auch einen schlichten Popsong singen. Was gemeinhin auch gut klappt, ist vom Gesang in Zimmerlautstärke ins Flüstern überzugehen und dann zu summen oder leise zu zischen.

Markus Schwerdtel

Das leidige Einschlafen

Viele Eltern, deren Kinder nur schlecht einschlafen, erleben folgende Situation: Man bringt das Kind ins Bett, es ist unruhig, man legt sich daneben, die Atmung beruhigt sich, man nimmt an, das Kleine schlafe nunmehr, man steht vorsichtig und langsam wieder auf, das Kind registriert die Mikrovibrationen und beginnt zu weinen. Man legt sich wieder dazu und beginnt von vorne.

Diese Methode trainiert dem Kind ein gewisses Misstrauen an, denn es schläft in Gesellschaft ein und wacht verlassen auf. Folglich muss es aufpassen wie ein Schießhund, dass Mama (oder Papa) nicht abhaut. Am besten schafft es das, indem es erst mal nicht einschläft.

Man sollte – und das ist durchaus nicht leicht – langfristig darauf hinarbeiten, dass das Kind mit kleinen Trennungen fertigwerden kann. Kinder können auch (aber das ist eine ideologische Frage, bei der sich Eltern mit unterschiedlichen Ansichten unversöhnlich gegenüberstehen) mit acht bis neun Monaten durchaus wach ins Bett gelegt werden und allein einschlafen.

Hans Werner

Das war der Tag

Ein hübsches Abendritual, das man gut im ersten Lebensjahr einführen kann, ist die Nachbereitung des Tages.

Ich rekapituliere dabei für meine Tochter die Geschehnisse des Tages, erzähle von den Spielen, die wir gemacht haben, dem Spaziergang, dem Essen, einfach allem. Das geht nur ein paar Minuten lang und gibt mir Gelegenheit, einzelne Dinge ein bisschen einzuordnen und vielleicht gerade zu rücken.

Wir verbringen gemeinsam ein paar ruhige Minuten, meine Tochter bekommt ein Gefühl für das Erlebte und die vergangene Zeit.

Der letzte Satz ist immer gleich: »Ach, das war ein schöner Tag.«

Sandra Lott

Wir Papageien

Wenn das Kind sprechen lernt, geht es erst mal nicht darum, richtige Wörter zu bilden, sondern Laute nachzuahmen. Manche Kinder entwickeln sogar eine Art Fantasiesprache, die dann von allein wieder verschwindet.

Man kann den Prozess ein bisschen unterstützen, indem man bereits mit dem Baby viel »redet«, die Laute wiederholt, die es von sich gibt, es animiert, seinerseits »Wörter« nachzuahmen. Es gibt Studien, die besagen, dass diese Methode den Spracherwerb beschleunigt.

Später ist es sinnvoll, sprechend durch die Welt zu gehen, dem Kind Farben, Formen und Gegenstände zu zeigen, damit es viele unterschiedliche Wörter hört.

anonym

Weißes Rauschen

Es ist ein alter Trick, aber er funktioniert bei den meisten Babys: »Weißes Rauschen«, also das Geräusch, das ein Fernseher macht, wenn er auf keinen Sender eingestellt ist, beruhigt schreiende Babys. Man sagt, das läge daran, dass das Rauschen dem Rauschen des Blutes im Kreislauf der Mutter ähnelt, dem das Kleine neun Monate lang gelauscht hat. Aus demselben Grund reagieren Babys auch auf gleichmäßige Zischlaute, das bekannte »Schschschsch«, das man instinktiv macht, wenn man ein brüllendes Kind beruhigen will.

Staubsauger und Föne erzeugen ebenfalls einen solchen Sound. Ganz verzweifelte Eltern können auch kleine lärmende Apparate kaufen, die eigens zu diesem Zweck hergestellt werden, aber das ist in den allermeisten Fällen Geldverschwendung.

anonym

Himbeer-Zähne

Mein Sohn hat ab einem gewissen Zeitpunkt keine Beißringe mehr genommen. Ich hab ihm dann untertags (wenn es ihm wehtat) immer wieder – in kleinen Portionen – gefrorene Himbeeren gefüttert. Es ging dann sofort besser.

Himbeeren nahm ich deswegen, weil man sie aufwandslos beliebig kleinbrechen kann. Sie kühlen das Zahnfleisch, schmecken lecker und sind auch noch gesund.

Natürlich erst nach Einführung der Beikost!

anonym

PS:

Wir nehmen eine kalte Karotte. *Birgit Solar*

Kühle Melone ist auch ziemlich super. *Alrun Ziemendorf*

Man kann auch einen Waschlappen schön nass und kalt machen und diesen dem Kind geben. Das tut gut, und Flüssigkeit bekommt es obendrein auch noch. (Dies ist auch eine Möglichkeit, Kindern Flüssigkeit zuzuführen, wenn sie zu wenig trinken.) *Martina*

Gekühlte Gurke in Scheibchen! *Sandra*

Das Kuscheltier ist wasserscheu

Das Ding da im Bett Ihres Kindes, das mit dem verfilzten Fell, den schmutzigen Füßen und stumpfen Augen, das müffelt schon ein bisschen.

Und Sie möchten es waschen, schon eingedenk der möglichen Keime, die das ungewaschene Kuscheltier beherbergen mag.

Doch: Tun Sie es nicht. Das Kuscheltier speichert in seinem Geruch – eine Mischung aus Tränen, Mamas Parfüm, Milchsäure, Papas Rasierschaum etc. – alle Nächte, die es gemeinsam mit seinem kindlichen Besitzer durchgestanden hat. Dieser Geruch ist ein Schild, ein Trost, ein Schutzwall gegen die Welt.

Eine Wäsche ersetzt diesen vertrauten Geruch durch generischen Waschpulverduft und nimmt dem Tier die Seele. Genauso gut könnten Sie ihm auch den Kopf abreißen.

M. S.

Die Anti-Reizwindel

Wenn man sein kleines Baby spazieren fährt und das Kind dabei schreit, kann es daran liegen, dass das alles zu aufregend ist: das Licht, die Geräusche, die Bewegungen.

Wir haben dann immer eine Stoffwindel oder ein dünnes Tuch über den Wagen gehängt, um die Reizüberflutung zu mindern.

Die Verdunkelung hilft übrigens auch, übergriffige Omas abzuwehren.

Carola Werner

Besser wickeln

Mein Kleiner hasste das Wickeln, alles Singen und Erzählen half irgendwann nichts mehr. Auch das Mobile hatte sich abgenutzt – er strampelte und zappelte ununterbrochen.

Mein kleiner Trick: Ich habe eigens für den Wickeltisch – und wirklich nur dafür – ein bisschen Spielzeug besorgt. So gab es für ihn während des Wickelns immer etwas Neues und Besonderes anzuschauen.

Marion Geyer

PS:
Man kann für die Anfangszeit statt Windeln auch sogenannte Wickelhosen verwenden – die lassen sich flotter an- und ausziehen. *Gerald*

Langsam abstillen

Als es Zeit wurde abzustillen, habe ich begonnen, die Stillperioden jede Nacht um je eine Minute zu verkürzen. So bekam mein Junge noch genug Milch, um wieder einzuschlafen, aber insgesamt so wenig, dass er tagsüber Hunger hatte – der dann mit einem Fläschchen gestillt werden konnte.

Nach ein paar Nächten hat er dann erstmals durchgeschlafen und von da an nie wieder nach der Brust verlangt.

anonym

Erstes Fläschchen nach dem Stillen

Ich hatte meine Tochter ein halbes Jahr voll und mit Beikost bis zum neunten Lebensmonat gestillt. Als es dann Zeit fürs erste Fläschchen war, nahm sie es nicht an – lieber verzichtete sie aufs Trinken.

Es funktionierte dann mit einem Trick, den mir eine Freundin verraten hat: Da Babys Körpernähe lieben, habe ich mir ein kurzes T-Shirt angezogen, meine Tochter in den Arm genommen und beim Fläschchen unter den Schnuller einen Finger gelegt, damit sie am Kinn meinen Finger gespürt hat.

So klappte es auf Anhieb.

anonym

Richtig stillen

Es gibt eine Sache, die nur wenige Mütter wissen und die auch von Hebammen und Ärzten nur selten erwähnt wird:

Etwa in der 3. Lebenswoche verändert sich die Zusammensetzung der Muttermilch. Von da an ist die Milch kein homogenes Gemisch mehr, sondern es kommt beim Trinken zuerst Vormilch (süß, durstlöschend) und dann, nach zehn Minuten Trinkdauer, die (sättigende, dickere) Hintermilch. Wenn man zu früh die Brust wechselt, kommt der Säugling nicht bis zur Hintermilch und wird schneller wieder hungrig. Außerdem bekommen empfindliche Babys Blähungen, wenn sie nur die laktosehaltige Vormilch trinken.

Man sollte das Kind so lange wie möglich an einer Brust lassen. Und nach der zweiten Brust eine längere Stillpause einlegen. Das »Dauernuckeln«, das in den ersten zwei Lebenswochen des Babys kein Problem ist, ist nicht zu empfehlen.

anonym

Neues Baby und Geschwister

Wenn ein neues Baby auf die Welt kommt, steht ein älteres Geschwister im Kleinkindalter vor einigen Herausforderungen. Besonders, wenn es bisher ein Einzelkind war.

Die meisten reagieren darauf mit einer von zwei grundsätzlichen Verhaltensweisen: Entweder sie imitieren die Mutter (und umsorgen das Baby) oder das Baby (und fallen temporär ein paar Entwicklungsstufen zurück).

Da man in den anstrengenden ersten Lebensmonaten eines Kindes nicht recht ein Geschwister gebrauchen kann, das sich plötzlich wieder wie ein Baby aufführt, sollte man Wert darauf legen, dass das ältere Kind gut in den ganzen Blumenstrauß an Aktivitäten eingebunden ist, den Mama und Papa um das Neugeborene entfalten. Man sollte ihm die ganzen Verrichtungen erklären und die Gründe für die Veränderungen der täglichen Routinen. So ist es leichter, die Akzeptanz des ersten Kindes zu erreichen.

Stephano

Das Baby beruhigen

Es gibt eine ganz simple Regel, die uns eigentlich allen bewusst ist: Schreiende Babys beruhigen sich am ehesten auf dem Arm von jemandem, der selber ruhig und nicht angespannt ist.

Das spräche dafür, dass die Eltern sich regelmäßig in den stressigen ersten Monaten abwechseln. Wer gerade genervt ist, verlässt das Zimmer (oder gar das Haus). Das mag krass klingen, ist aber auf jeden Fall besser, als wenn der eine das Kind umherschleppt und der andere gute Ratschläge gibt, was in Kürze alle Beteiligten in den Irrsinn treibt. So kann wenigstens einer die Batterien wieder auftanken.

Das gleiche Prinzip gilt auch für die Betreuung von Dritten: Wer einen Babysitter oder Großelternteil zur Verfügung hat, sollte den mit dem Kind spazieren schicken und derweil ein Vollbad nehmen oder einen Kaffee trinken gehen.

anonym

Laktose-Unverträglichkeit

Mein Kind hat immer geschrien. Immer.

Ich war bei unzähligen Ärzten, Homöopathen, Kinesiologen, Osteopathen – keiner konnte mir helfen, alle sagten, das müsse man abwarten, das ginge von selber vorbei. Aber mit fünf Monaten schrie er immer noch.

Ich habe dann gehört, dass es Kinder gibt, die auf Kuhmilcheiweis oder Laktose empfindlich reagieren. Habe es dann mit Sojanahrung aus der Apotheke versucht, und es war noch am selben Abend besser.

Dies ist sicher kein allgemeingültiger Tipp, Laktose-Intoleranz ist selten. Mir aber hätte es sehr geholfen, davon von früher gewusst zu haben.

Alexandra Kogler-Heim

Blähungen

Alle Babys, besonders Jungs, haben Blähungen.

Ein paar gesammelte Tricks zur Linderung:

- Bauch warm föhnen.
- Bäuchlein reiben, mit langsamen Kreisbewegungen im Uhrzeigersinn.
- Falls man zufüttert: das Fläschchen mit Kümmel-Fenchel-Tee zubereiten statt mit abgekochtem Wasser.
- Der Fliegergriff (man trägt das Baby flach auf dem Arm, mit dem Köpfchen auf der Hand, dem Bauch auf dem Unterarm, den Beinchen rechts und links vom eigenen Ellenbogen) bringt Entlastung.
- Warme Bauchwickel sind schnell gemacht und helfen auch ein bisschen.
- Das Kirschkernkissen wird auch gern eingesetzt.

Stefan Müller

Lesen und Musik

Vermutlich muss man das Leuten nicht sagen, die dieses Buch gekauft haben, aber einer der größten Gefallen, den man einem Kind tun kann, ist, es früh ans Lesen zu gewöhnen.

Wer seinem Kind täglich vorliest, hilft ihm Vokabular und sprachliches Verständnis zu entwickeln, fördert die Intelligenz und setzt rechtzeitig ein Gegengewicht zu der ganzen Bildschirmzeit, der das Kind später noch ausgesetzt ist.

Und: Es gibt eine Reihe von Studien, die einen positiven Einfluss von Musik, insbesondere klassischer Musik, auf die Entwicklung des Gehirns und der schulischen Fähigkeiten ausgemacht haben wollen. Ob man das nun glauben will oder nicht, die Auseinandersetzung mit Musik, Tönen und der Erzeugung von Klängen ist etwas, was man nicht früh genug beginnen kann.

Charlotte S.

Jede Minute zählt

Bei einem kleinen Baby ist eine gute Vorbereitung wichtig, wenn man wenigstens die Mindestmenge an Schlaf bekommen will.

Wir haben an leicht erreichbarer Stelle in der Wohnung immer ein Notfallpaket: Windeln, Tücher, Decke, Schlafsack, Schnuller, Body.

Wenn das Kleine nachts aufwacht und eine Sauerei veranstaltet, hat man so alles bei der Hand, spart Zeit und muss zudem nicht durch die Wohnung geistern, um den Wechselschlafsack zu holen.

Stephanie Hacker

Vormachen!

Kleine Kinder wollen erforschen und tun das mit ihren Mitteln – wenn sie dabei etwas kaputt machen oder verschmieren, ist das erst einmal keine böse Absicht, sondern nur Forscherdrang.

Man kann ihnen bei Dingen, die den Eltern wichtig sind, mit übertriebenen Handlungen Muster vorgeben: Als meine Lieblings-DVD dem krabbelnden Sohnemann in die Hände gefallen war und zerkratzt zu werden drohte, eilte ich herbei, nahm mit großer Geste das bedrohte Medium, streichelte es, sprach ihm tröstend zu und stellte es sehr vorsichtig wieder ins Regal. Mein Sohn schaute mich an, als sei ich irre, begriff aber, dass DVDs etwas wahnsinnig Tolles und Wichtiges sind.

Oder andersherum: Als der Kleine bei einem Spaziergang drauf und dran war, einen Hundekothaufen zu zermatschen, sprang ich dazwischen, wischte das Ding mit allen Zeichen des schlimmsten Ekels weg, hielt mir die Nase zu und zog meinen Sohn vom Tatort weg. Um Hundehaufen machte er von da an einen Bogen, immer meinen Ekel imitierend.

anonym

Geschenk vom Neugeborenen

Normalerweise ist das erste Kind, wenn man sein zweites bekommt, noch nicht so erwachsen, dass man mit ihm vernünftig über die nächste Zeit reden kann, im Gegenteil: Wenn das Geschwister aus dem Krankenhaus nach Hause kommt, steht es natürlich erst mal im Mittelpunkt des Interesses und der elterlichen Fürsorge.

Damit das Erstgeborene sich nicht zurückgesetzt fühlt, kann es hilfreich sein, dass es ein besonderes Geschenk erhält – und zwar von dem neuen Kind. Das kann man formulieren wie: »Guck mal, das Baby hat dir auch ein Geschenk mitgebracht.«

So wird schon mal zum Start eine gewisse Grundsympathie erkauft.

Falko Löffler

PS:
Oft unterschätzen Eltern, wie einschneidend die Erfahrung für ein Kind ist, plötzlich ein kleines Geschwister zu haben. Man kann es sich aus der Sicht des Vaters so vorstellen: Eines Tages kommt Ihre Frau nach Hause und hat einen Herrn im Schlepptau. »Das ist Stefan«, stellt sie vor, »der wohnt ab jetzt bei uns. Ich werde ihn genauso liebhaben wie dich. Und natürlich wird er mit deiner Videospielkonsole spielen, deine Bücher lesen und deine Lieblingsklamotten anziehen. Sei nett zu ihm.«

Das ist natürlich nur ein Scherz, er hilft aber gut, sich den Schock zu verdeutlichen, dem das Erstgeborene ausgesetzt ist …

Gunnar Lott

Abends baden

Es schadet nichts, Babys und Kleinkinder jeden Tag zu baden, wenn sie das mögen. Idealerweise ohne große Badezusätze.

Der Trick ist nur, das genau vor dem Schlafengehen zu machen: Das Bad entspannt, macht ruhig und müde. Und, da das Kleine notwendigerweise schon mal ausgezogen ist, kann man von da aus leicht zum Windelnwechseln und Schlafsackanziehen übergehen.

Helene

Mit dem Baby sprechen

Wenn das Baby anfängt, sich mit den ersten einfachen Lauten zu artikulieren, ist es wichtig, darauf zu reagieren und mit dem Kind zu »sprechen«. Das fördert (und beschleunigt) die Sprachentwicklung ungemein.

Es schadet auch nichts, im Gegenteil, dem Baby die Handlungen des täglichen Lebens zu erklären (»Pass auf, jetzt wickele ich dich«) und überhaupt viel mit ihm zu reden, auch wenn es natürlich nichts versteht. Kleinkinder lernen durch Beobachtung. Es hilft den Kindern, wenn man ihnen Wörter und Laute vorspricht und dabei die Lippen leicht übertrieben bewegt.

Carlo Walter

Geregelter Tagesablauf

Den Ratschlag, mit Kindern einen klar strukturierten Tagesablauf einzuhalten, hat sicher jeder schon einmal gehört. Das stimmt selbstverständlich auch.

Ich möchte das aber noch ein bisschen verstärken: Wenn man von Beginn an klare Strukturen vorgibt und so oft wie möglich einhält, erspart man sich hinterher viel Ärger. Wenn die Kinder später beginnen, ihre Grenzen zu testen und schon mal eine halbe Stunde schreien, um das Zubettgehen zu verzögern, hilft es ungemein, etablierte Strukturen zu haben, auf die man verweisen kann: »Du kennst den Deal: erst Milch, dann Zähneputzen, dann Buch lesen, dann kuscheln.«

Es gibt zudem auch den Eltern Sicherheit.

Stephanie Hacker

Alles ausräumen!

Unser Sohn ist jetzt ein Jahr alt und begann naturgemäß mit zunehmender Beweglichkeit, alle erreichbaren Regale und Schränke auszuräumen.

Natürlich sind bei uns mittlerweile die Küchenschränke gesichert, da wir aber einen offenen Wohn- und Essbereich haben, lässt sich nicht alles wegräumen oder -schließen. Daher haben wir ihm eigene Regalflächen und Schränke eingeräumt, die er nach Herzenslust ausräumen kann. Natürlich genau dort, wo er das sonst nicht darf: wie in der Küche, im Wohnzimmer neben dem CD-Regal usw. Befüllt sind diese Regale mit leeren CD-Hüllen (oder Musik-CDs, die ich immer schon loswerden wollte), Tupper-Dosen oder eben seinen ersten Büchern.

Das klappt eigentlich ganz gut; mittlerweile räumt er eigentlich nur noch »seine« Regale aus. Da er in diesem Alter eine recht kurze Aufmerksamkeitsspanne hat, interessiert ihn nach einer Minute sowieso wieder etwas anderes.

Und die richtigen Regale sind sicher.

Tanja Weerts

Einfacher anziehen

Ein paar gesammelte Tipps zum Anziehen bei kleinen Kindern:

- Nur Handschuhe verwenden, die man an der Jacke befestigen kann, sonst gehen die ständig verloren.
- Handschuh-Alternative bei Babys: Bei einer übergroßen Jacke zieht man die Ärmel einfach über die Händchen – fertig.
- Statt eines Schals lieber eine Schalmütze oder ein geschlossenes Halstuch nehmen, das man einfach über den Kopf ziehen kann und nicht binden muss.
- Schuhe mit Klettverschluss sind am einfachsten zu bedienen.
- Ein Reißverschluss an der Jacke ist schneller zu schließen als Knöpfe.
- Druckknöpfe sind besser als normale Knöpfe.

E. Hansmann

Mama bauchfrei, Tochter im Wintermantel

Babys haben wenig Körperfett und müssen vor Auskühlung geschützt werden. Zudem sind Erkältungen der Kleinen eine Belastung für die ganze Familie, weil dadurch der Schlaf unruhiger wird.

Viele Eltern nehmen diese Angst aber mit ins Kleinkindalter und ziehen ihre Kinder tendenziell zu dick an. Die Faustregel dazu ist: Was man selber trägt, kann auch das Kind tragen. Wenn Papa im T-Shirt herumläuft, muss der Nachwuchs also keine Jacke anziehen; an Tagen, an denen die Mama im Pullover fröstelt, ist das Kind nur mit einem Body zu dünn angezogen.

Grundsätzlich machen sich Eltern heutzutage vielleicht zu viel Sorgen um derlei Fragen: Zu Zeiten unserer Großeltern sind Jungs vom März bis tief in den Herbst ohne bleibende Schäden mit kurzer Hose herumgelaufen.

Harry M.

Vom Boden kann man nicht herunterfallen

In jedem Bekanntenkreis gibt es mindestens ein Elternpaar, das zugibt, dass ihm das Kind irgendwann mal von der Wickelkommode oder vom Sofa gefallen ist. Meist passiert nichts Ernsthaftes, aber man macht sich natürlich bittere Vorwürfe.

Der Trick ist, das Kind einfach auf den Boden zu legen, wann immer man es eine Sekunde unbeaufsichtigt lässt, um nach etwas Entfernterem zu greifen oder zur Haustür zu gehen. Das klingt sehr einfach, ist aber irgendwie nichts, was einem so selbstverständlich in den Sinn kommt.

E. Meyer

Handeln, als hätte man doppelt so viele Kinder

Diese alte Regel klingt ein bisschen bizarr, funktioniert aber grundsätzlich:

»Tue in allen elterlichen Belangen immer so, als hättest du doppelt so viele Kinder: Wer eins hat, verhalte sich, als hätte er zwei; wer zwei hat, verhalte sich, als sprängen vier Zwerge im Haus herum.«

Sinn der Übung ist es zum einen, immer genügend Vorräte vorzuhalten (Gläschen, Joghurts, Gemüse, Windeln etc.). Und zum anderen, sich immer zu vergegenwärtigen, dass man einer nichtigen Sache vielleicht gerade zu viel Aufmerksamkeit widmet – wer sich zum Beispiel abends zwei Stunden lang mit dem (Einzel-)Kind ins Bett legt, weil es »sonst ja nicht einschläft«, möge mal darüber nachdenken, was er täte, wenn er gleichzeitig noch ein Baby zu versorgen hätte. Denn dann, und das ist eine wichtige Lehre, die Eltern notwendigerweise allerdings erst mit dem zweiten und dritten Kind lernen, würde man in solchen Fällen einen Weg finden, den Einschlafprozess so zu optimieren, damit man auch noch das kleinere Kind versorgen könnte. Ginge ja nicht anders.

Daher: Immer so tun, als hätte man zwei.

Marrit Tuinman

Babysitter früh einsetzen

Wir bemühen uns, werdende Eltern im Bekanntenkreis nicht mit Ratschlägen zu überhäufen, aber eine Sache geben wir allen weiter, weil sie sich bei uns so besonders gut bewährt hat:

Wir haben uns bereits kurz nach der Geburt unseres Erstlingswerkes eine Babysitterin gesucht und die schon ab dem dritten Monat mal kurz für eine halbe Stunde mit dem Kinderwagen spazieren geschickt. Das ist zwar schon eine Entlastung, vor allem aber diente es dazu, das Kleine früh an ein anderes Gesicht zu gewöhnen – wir leben fern der Heimat und haben keine Großeltern am Ort. Dritter Monat, das klingt für viele Eltern unverhältnismäßig früh, aber der Oma würde man's ja auch anvertrauen.

Und wenn dann im sechsten, siebten, achten Monat im Leben ein richtiger Rhythmus ist (und das Kind vielleicht auch schon mal alleine einschläft), ist man dankbar für eine eingespielte Babysitterin, die dem betreuenden Elternteil tagsüber mal zwei Stunden Luft verschafft oder beiden Eltern abends einen Kinobesuch ermöglicht. Man hätte ja, bei aller Liebe, irgendwann dann schon mal wieder ein Stück seines Lebens zurück.

Man sollte sich mit der Babysitterin dabei auf ein Kontingent einigen (vielleicht acht bis zehn Stunden im Monat oder so), schon damit man sich selber diszipliniert und die Dame auch regelmäßig einsetzt.

Antonia B.

Autofahren mit Baby

Wer mit Baby Auto fährt, kennt das Problem: Die Babyschale ist auf dem Rücksitz montiert, in der Regel aus Sicherheitsgründen gegen die Fahrtrichtung. Wenn Mama am Lenkrad sitzt und nach dem Kleinen schauen will, muss sie sich nach hinten beugen – gefährlich!

Abhilfe schafft ein simpler Bad- oder Rasierspiegel, wie es ihn im Drogeriemarkt für ein paar Euro zu kaufen gibt. Den Spiegel befestigt man mit Draht an der mittleren Kopfstütze der Rückbank und stellt ihn so ein, dass man bei einem Blick in den Rückspiegel vorn in den Badspiegel hinten und damit auf das Baby in der Schale schaut. Man sieht sein Kind also über zwei Ecken und kann sich jederzeit und ohne unfallträchtiges Umdrehen davon überzeugen, dass es dem Nachwuchs gut geht.

Angenehmer Nebeneffekt: Das Baby sieht natürlich auch umgekehrt jederzeit seine Mama und ist damit generell während der Autofahrt ruhiger. Natürlich muss der Spiegel bombensicher angebracht sein, damit er sich bei plötzlichen Bremsungen (oder gar einem Unfall) nicht löst.

Markus Schwerdtel

Oma auf dem Schirm

Wir haben ein typisches Großstädterproblem: Die Großeltern wohnen weit weg – auf dem platten Land – und sind seltener vor Ort, als unsere Tochter und sie selber das gerne möchten.

Wir behelfen uns mit moderner Technik, Webcams kosten ja heutzutage nichts mehr, ein Programm für das sogenannte Voice over IP ist schnell eingerichtet. Wir haben also als Startschuss Kameras an die Großeltern verschenkt, und nun »telefonieren« wir regelmäßig mit Video, können das Wachstum der Kleinen dokumentieren und sie regelmäßig an Oma und Opa erinnern. Kostet obendrein auch weniger Telefongebühren.

Zusätzlich bereiten wir Besuche mit dem Fotoalbum vor und nach.

Michael B.

Phasen, alles nur Phasen

Was einem jeder sagt, was man aber immer nicht recht glaubt: Die Entwicklung von Kindern verläuft in Phasen.

Wirklich. Das ist mehr als wahr. Und es gilt insbesondere für das erste Lebensjahr des Nachwuchses.

Das Kleine schläft schlecht? Da kann in zwei Wochen anders sein. Es isst schlecht? Das kann in zwei Wochen anders sein. Es interessiert sich nicht für das pädagogisch wertvolle, entwicklungsfördernde Spielzeug? Das kann in zwei Wochen anders sein.

Wenn man das wirklich verinnerlicht, reibt man sich weniger auf und macht sich weniger unnötige Sorgen.

Außerdem: Die Wechsel zwischen den Phasen sind in der Regel mit zwei, drei anstrengenden Tagen verbunden, in denen sich das Kind ungewöhnlich verhält.

anonym

Was sehen von der Welt

Unsere Tochter mochte plötzlich, mit einem knappen halben Jahr, ihren Kinderwagen nicht mehr. Wir haben allerlei Tricks probiert, aber geholfen hat dann die simpelste aller Methoden: Kissen in den Wagen, damit das Mädchen ein bisschen angelehnt sitzen und rausgucken kann.

So konnte sie was von der Welt sehen und hat wieder mehr Spaß am Gefahrenwerden. Als sie dann später im Buggy frei sitzen konnte, entwickelte sie sich folgerichtig zum Buggy-Fan …

Nicole S.

Sparen an der Erstausstattung

In die Erstausstattung eines Neugeborenen wird in aller Regel zu viel Geld investiert. Die Kleinen wachsen ohnehin total schnell raus und zeigen überdies Gott sei Dank noch wenig Interesse an Designerklamotten. Man kann beispielsweise gut die allerkleinste Body-Größe auslassen und gleich eine Nummer größer einsteigen. Wenn's dann an den Füßchen ein bisschen locker sitzt, zieht man die Strümpfe einfach drüber, schon passt es.

Reiner Meyer

PS:
In vielen Großstädten kann man Babybedarf auch mieten, Wiegen und Tragehilfen etwa. *Stefanie*

Der Fototermin

Wir haben aus der Neugeborenenzeit unseres ersten Kindes keine Profifotos, nur Schnappschüsse mit Handy- und Digitalkameras. Das haben wir im Nachhinein ein bisschen bereut, zumal ja auch tausend Verwandte mit Fotos bedacht werden wollten. Und man selber guckt sich die Bilder ja auch immer wieder an.

Dies als Tipp: Es ist sinnvoll, vor der Geburt bereits einen Hausbesuch des Fotografen eigener Wahl zu vereinbaren. Idealerweise so in der dritten Lebenswoche, dann sieht das Kind schon nicht mehr so verknautscht aus wie direkt nach der Geburt.

Kerstin Müller

GESUNDHEIT:

Medikamente geben, Aua wegpusten

»Aua« wegpusten

Mit dem Krabbelalter, von Kennern auch das »Beulenalter« genannt, haben wir das seit Generationen bewährte Ritual des Wegpustens von Wehwehchen eingeführt:

Unser Kleiner stößt sich leicht, schreit erst mal vorsichtshalber mit voller Lautstärke, wir eilen hinzu, begutachten die »Verletzung«, pusten das »Aua« weg und winken dem entfleuchenden »Aua« noch hinterher.

Fertig. Hilft immer.

Der Kleine war zunächst über die ganze magische Prozedur eher erstaunt und hat deswegen wohl einfach vergessen zu schreien. Mit der Zeit hat er dann angefangen, selber zu mitzumachen – und nun »heilt« er sich schon selbst: Pustet, sagt »Aua Tschüss« und winkt. Aber das ist mehr als ein Trick, um das Kind von Schmerz abzulenken – es lernt auf diese Art ein simples empathisches Verhalten, das es auch bei anderen Kindern anwenden kann.

M. Schöfer

Karies bei Kleinkindern vermeiden

Bei uns in der Krippe gibt es zwei Kinder mit frühkindlicher Karies. Das nennt man auch »Nuckelflaschenkaries« und ist, man muss es so deutlich sagen, nur auf Fehlverhalten der Eltern zurückzuführen:

Die eine oder andere Süßigkeit ist kein großes Problem, aber man muss den Zähnen des Kindes danach Zeit geben, sich zu erholen – Speichel erfüllt (wie auch bei Erwachsenen) die wichtige Funktion, Mineralverluste am Zahn aufzufüllen und Plaque »wegzuspülen«. Wer seinem Kind dann noch ein Fläschchen mit verdünntem oder unverdünntem Saft gibt, verhindert durch die Kombination aus Nuckel (der das »Spülen« behindert) und dem im Saft enthaltenen Zucker die Regeneration und legt den Grundstein für Karies an den Milchzähnen.

Generell sollten Kinder überhaupt keine süßen Getränke zu sich nehmen, nur Tee oder Wasser. Aber auch da muss man aufpassen: Die beliebte Praxis, dem Nachwuchs das Fläschchen mit ins Bett zu geben, ist nicht empfehlenswert. Selbst wenn darin nur Wasser ist, wird doch der freie Speichelfluss gehemmt.

Dr. Regina S.

Zahnarzt und Frisör

Der erste Zahnarztbesuch ist – möglicherweise – ein verstörendes Erlebnis. Oder warum laufen so viele Erwachsene mit einer handfesten Zahnarztphobie herum?

Na ja, um unserer Kleinen die ganze Sache mit dem Herrn in Weiß und seiner grausigen Tätigkeit einfacher zu machen, haben wir sie vorher schon mal mitgenommen, als der Papa hinmusste. Der Papa war tapfer, der Arzt freundlich – das hat der Angelegenheit schon mal ein bisschen den Mythos genommen. Zwei vor Ort schnell geschossene Handyfotos haben wir ihr dann kurz vor dem richtigen Besuch nochmal gezeigt, als Vorbereitung. Und dann kam natürlich noch der Teddy mit und wurde vorher behandelt. Er hat auch nicht geweint.

Danach ging's ganz gut. Beim ersten Frisörbesuch haben wir es übrigens genauso gemacht, die ganze Prozedur. Und ebenfalls mit Erfolg.

Max Keidel

Trinkt Jedi-Cola!

Mein Sohn muss immer mal wieder ein bestimmtes Medikament einnehmen, gerade selten genug, um sich nicht recht daran zu gewöhnen, und oft genug, dass es nervt, wenn er sie nicht will. Die Flüssigkeit ist zwar pappsüß, aber das hilft komischerweise nichts.

Also muss ein Trick her: Ich fülle das Zeug in eine kleine Probenflasche um, auf die ich einen Star-Wars-Aufkleber geklebt habe. Jetzt ist es »Jedi-Saft«.

Und welcher siebenjährige Junge würde es fertigbringen, ein Fläschchen Jedi-Saft stehen zu lassen?

Funktioniert auch mit Mädchen, dann muss es aber natürlich »Hello Kitty-Saft« sein.

Petra

Tägliche Dosis

Wenn ein Kind ein Medikament regelmäßig nehmen muss, ist es eine gute Methode, die Flüssigkeit in eine Einwegspritze (ohne Nadel natürlich) zu tun und dem Kind direkt in den Mund zu spritzen. Anders als beim Löffel muss das Kind kaum stillhalten, man kann genauer dosieren, und es geht schnell und effektiv.

Ab einem gewissen Alter kann dann zum lässigen »Selber-Spritzen« übergegangen werden. Zum Neid der kleinen Schwester.

Hilko Drude

Impfen ohne Weinen

In den ersten zwei Lebensjahren wird das Kind fast ein halbes Dutzend Mal geimpft. Viele Kinder haben vor dem Piekser keine Angst, manche aber entwickeln, wenn der Arzt das nicht geschickt macht, eine Mini-»Arzt-Phobie« und wollen beim nächsten Mal nicht mit oder zetern lautstark. Was sehr stressig für den aufsichtführenden Elternteil ist.

Da ist es hilfreich, einen kleinen Trick vorzubereiten. Man schafft ein neues Spielzeug an (oder ertauscht oder borgt sich eines) und zeigt es dem Kind auf dem Weg zum Arzt oder im Wartezimmer schon mal. Ohne es ihm allerdings zu geben.

Wenn's dann losgeht, hält man es in der Hand versteckt und gibt es dem Kind exakt in der Sekunde, in der der Pieks kommt. Klassische Ablenkung. Manchmal merkt es gar nicht, dass es gestochen wurde.

Sandra Lott

Kühles für die Beule

Beim Spielen, Rangeln und Toben gibt es schon mal die ein oder andere Beule.

Da ist das Geschrei oft groß, schließlich sitzt der Schock tief, und die gestoßene Stelle schwillt an. Da empfiehlt es sich, in der heimischen Gefriertruhe immer etwas Wassereis vorrätig zu haben. Dabei handelt es sich um gefärbtes und gesüßtes Wasser in kleinen Plastikbeuteln, welches je nach Farbe nach Cola, Kirsche, Zitrone oder Ähnlichem schmeckt.

Zum einen kühlt das Eis sehr gut die Beule und hilft beim Abschwellen, das Format der kleinen Plastikbeutel ist zudem auch für Kinderhände geeignet, und schließlich lässt die Aussicht auf das kalte Schleckvergnügen die Tränchen schnell versiegen.

Noch ein Tipp zur Handhabung: Das Eis aus der Gefriertruhe ist sehr kalt, deswegen vor dem Auflegen immer ein Küchentuch oder Ähnliches drumwickeln. Dann gibt's auch keinen »Gefrierbrand« …

Silke

Das Pflaster

Wenn einem Kind ein paarmal Pflaster abgezogen wurden, hat es gelernt, dass dieser Vorgang schmerzen kann. Und weigert sich möglicherweise, die Eltern ranzulassen.

Für diesen Fall gibt es einen kleinen Trick: Man zählt eins, zwei, drei und drückt bei »drei« (wenn das Kind eigentlich den Schmerz erwartet) einfach leicht aufs Pflaster und sagt »fertig«. Das Kind ist überrascht, schaut einen an, dann zieht man das Pflaster ganz schnell richtig ab. Meist bemerkt es das dann gar nicht.

Sebastian

Honig gegen Allergien

Gegen milde Formen von bestimmten Allergien hilft Honig.

Ich habe mir dazu von einem ortsansässigem Imker ein paar Gläser lokal erzeugten Honig gekauft. Einen Monat vor der typischen Pollenflugzeit hat unsere Tochter jeden Tag einen Löffel Honig bekommen, um eine Immunität aufzubauen.

Das hat ihr Leiden sehr vermindert.

Achtung: Vor dem ersten Geburtstag darf man Honig an Kinder nicht verabreichen, weil der Honig Botulismusbakterien enthalten kann, mit denen die Darmflora von Säuglingen nicht fertigwerden kann.

Silke Müller

Nutella gegen Schluckauf

Mein Sohn bekommt, wie alle Kinder, zuweilen einen Schluckauf. Ist ja an sich nicht schlimm, aber bei ihm ist das stärker als bei anderen und ihm recht unangenehm.

Es gibt ein Hausmittel, das dagegen zuverlässig hilft: Nutella! Er bekommt einen Löffel mit Nutella, muss ihn ein paar Sekunden in den Mund nehmen und dann die Schokocreme auf einen Satz hinunterschlucken. Heilt zuverlässig.

Das funktioniert auch mit anderen Substanzen, die eine ähnliche Konsistenz haben, etwa Erdnussbutter. Offenbar beruhigt das dickflüssige Zeug das Zwerchfell.

Svenja

Die Creme-Chefs

Wir haben drei Kinder (2, 4 und 7), und wenn wir am Strand sind, habe ich eine Höllenarbeit, bis ich sicher sein kann, dass alle halbwegs brandsicher eingecremt sind.

Neuerdings geht das aber leichter: Ich ernenne einfach eines der Kinder zum »Creme-Chef des Tages«, das hat dann darauf zu achten, dass alle sich vernünftig eincremen. Der Ehrentitel wandert tageweise reihum, damit alle wissen, dass sie bei mangelnder Kooperation am nächsten Tag als »Chef« möglicherweise auf verlorenem Posten stehen.

Funktioniert ganz gut, hat zudem den Vorteil, dass die Kinder gleich noch meinen cremefaulen Ehemann mit verarzten.

anonym

Aufzug-Keime

Ich will nicht paranoid erscheinen, aber …

… mit welchem Finger bohren sich Leute in der Nase? Richtig, mit dem Zeigefinger. Und mit welchem Finger drücken dieselben Leute dann den Knopf, um den Aufzug zu rufen? Genau.

Man soll auf derlei Dinge nicht allzu viel geben, aber während der Grippesaison bitte ich meine Töchter, die Tasten in Aufzügen mit dem Knöchel zu betätigen und sich immer mal wieder die Hände zu waschen.

anonym

Das tut gar nicht weh

Wer kennt das nicht: Der Nachwuchs dotzt mit dem großen Zeh minimal an eine abgerundete Kante, zieht aber eine Rotz-und-Wasser-Show ab, als wäre ihm mindestens ein erwachsener Elefant auf den Fuß getreten. Ein Verhalten, das man in dieser reinen Form nahezu nur bei kleinen Kindern und Profifußballern findet.

Meine Erfahrung ist, dass das direkt mit der (erwarteten) Reaktion der Eltern zusammenhängt: Wer bei dem kleinsten Wehwehchen sofort losrennt, das Kind auf den Arm nimmt und sich mit bebender Stimme nach dem Wohlbefinden erkundigt (und vielleicht noch tröstende Gummibärchen herzaubert), muss sich wirklich nicht wundern, wenn das Kleine aus der Sache die maximale Aufmerksamkeitsdosis herausholt.

Natürlich will man sein Kind immer trösten, auch wenn der Schmerz vielleicht nur eingebildet ist. Es liegt uns auch fern, kalt lächelnd neben dem weinenden Kind stehen zu bleiben. Aber es ist uns trotzdem wichtig, dass die Lautstärke-Schmerz-Relation stimmt. Daher versuchen wir aktiv, unseren Alltag zu entdramatisieren: Wir sagen also »Hoppala« bei harmlosem Hinfallen, fragen ablenkend »Hat sich die Puppe auch gestoßen?« und derlei Sachen. Und bremsen uns als Paar gegenseitig aktiv ein, wenn man gerade wieder dabei ist, mit übertriebenem Gestus auf Problemchen des Kindes einzugehen.

Gunnar Lott

Sonnencreme-Make-up

Meine zwei Töchter haben recht helle Haut und sind empfindlich für Sonnenbrand. Daher achte ich streng darauf, dass sie im Sommer Sonnencreme auftragen.

Das ist bei der Älteren auch kein Problem, die wurde schon immer gerne gecremt. Die Kleine hingegen hasst das Prozedere. Wir hatten da ewig Streitereien, bis ich auf einen kleinen Trick verfallen bin: Wir tragen die Creme jetzt mit einem Schminkpinsel auf, dieses Utensil kennt sie von mir. Sie »schminkt« sich jetzt also mit der Creme.

Svenja

PS:
Ein gutes Hausmittel gegen Sonnenbrand ist übrigens Vanille. Riecht auch noch gut. *anonym*

KÜCHE UND HAUSHALT:

Kochen, Füttern und der Kampf ums Überleben

Süßigkeitenkontrolle

Wir hatten das Problem, dass entweder immer nach Süßigkeiten gequengelt wurde oder, schlimmer noch, sich die Herrschaften ihre Ware direkt aus dem Schrank besorgt haben.

Das Problem haben wir folgendermaßen gelöst: Jedes unserer Kinder hat eine kleine Schachtel bekommen, die er/sie selber gestalten (bemalen, bekleben) konnte. Dann wurde ein fester Termin ausgemacht, an dem die Schachtel mit Süßigkeiten für die nächste Woche gefüllt wird, Montagmorgen beispielsweise.

Das hat mehrere positive Effekte: Wir haben 1. die Übersicht, wie viel die Kids bekommen. Es gibt 2. keinen Neid, weil wir gemeinsam die Schächtelchen füllen. Außerdem lernen 3. die Minis aus eigener Erfahrung, dass nur derjenige, der Maß hält, die ganze Woche Freude an den Süßigkeiten hat.

Wir haben mit der Methode begonnen, als unsere Großen drei und fünf waren.

Katja Tampe

Erlebnisessen

Mein Kleiner hat seit ein paar Wochen immer wieder Essen abgelehnt, insbesondere Brot, egal mit was drauf und egal welche Sorte. Da wurde einmal abgebissen und dann wieder ausgespuckt.

Jetzt steche ich immer mit Plätzchenformen Sterne, Blumen und Figuren aus, denn das Auge isst mit.

Und siehe da: Das Sternchenbrot ist der Hit zurzeit. Wir verschwenden dadurch ein bisschen Brot, aber bei unserem wählerischen Nachwuchs musste ich eh immer die Kanten abschneiden.

Ivonne Lepke

PS:

Unser großer Frühstückserfolg ist das gekochte Ei mit Mondgesicht drauf. Sorgt unfehlbar für Begeisterung und hat unsere Kleine zum Eier-Fan gemacht. *Sandra Lott*

Kein Kaffee für Kinder

Eltern trinken Kaffee, Kinder nicht. Das ist eine eiserne Regel, die leider vielen Kindern nur schwer begreiflich zu machen ist.

Also muss man ein bisschen tricksen – die einfachste Methode ist es natürlich, wenn man Kindern einen »Kinder-Cappuchino« (warme, aufgeschäumte Milch) bestellt, wie ihn mittlerweile viele Cafés anbieten. Den kann man mit einem simplen Milchschäumer auch leicht zu Hause machen. Geht das nicht, ist ein bisschen Saft in einer Kaffeetasse (die genauso aussieht wie die von Mama/Papa) wohl die zweitbeste Wahl.

Manchmal kommt man auch einfach mit einer cleveren Benennung durch: Ein Freund von uns nennt sein Abendessenbier nur »Papa-Tee«, was die Tochter akzeptiert – sie hat ja ihren »Kinder-Tee«.

anonym

Essen und Einkaufen

Wir haben wenig Lust, uns mit den Kindern übers Essen zu streiten, daher versuchen wir, die Planung dafür zu einer gemeinsamen Aktivität zu machen. Ich setze mich mit ihnen hin, mache Vorschläge, akzeptiere Kompromisse (einmal pro Woche Fischstäbchen, aber nicht mehr …) und lege im Verlauf des Gesprächs eine Shoppingliste an.

Mit dieser Liste bewaffnet, gehen wir gemeinsam einkaufen, jeder passt dabei auf, dass die Zutaten für sein Lieblingsessen nicht vergessen werden.

Größere Kinder können hierfür sogar ein kleines Budget bekommen; mit kleineren Kindern plant man keine ganze Woche, sondern vielleicht nur das Abendessen.

Sabine M.

Gemüsepfanne als Baukasten

Wir sind bei unserem Kleinen gerade in der Phase, wo er eigentlich schon gut alleine essen kann. Tut er auch, aber begleitet von allerlei Sonderwünschen: die Gemüsepfanne bitte ohne Pilze, das Fleisch bitte ohne Soße, den Parmesan für die Nudeln bitte auf einem extra Häufchen.

Weil wir die Experimentiererei leid sind und sich die Vorlieben des Nachwuchses regelmäßig ändern, haben wir jetzt den »Kinderteller Spezial« eingeführt. Der enthält im Prinzip alles, was die Erwachsenen auch essen, aber säuberlich in Einzelbestandteile getrennt, mit der Soße extra. Seither gibt es weniger Stress, weil der Sohnemann die Sachen in der ihm genehmen Reihenfolge essen kann.

Außerdem: Wir haben gute Erfahrungen damit gemacht, dem Kind kleine, überschaubare Portionen aufzutun – und dann immer nachzugeben. Bei gut gefüllten Tellern hat er sonst schon mal von vornherein abgewunken.

Silke Schmidt

Kochen und Schnippeln

Wenn man die Kinder beim Kochen und Schnippeln integriert, essen sie die Dinge lieber – sie haben das Ganze dann ja schließlich »selbst gekocht«. Mein Sohn (3) liebt es, Gemüse zu schneiden. Wenn er das dann im Essen wiederfindet, ist er sehr stolz und isst mit Genuss »sein« Essen. Er probiert so auch viel mehr und entdeckt die Unterschiede zwischen frischem und zubereitetem Gemüse. Manches isst er lieber roh, manches lieber gekocht. Auf jeden Fall hat er so die Distanz zu vielen Gerichten überwunden.

Susanne Schlösser

PS:
Die selbst belegte Pizza funktioniert in diesem Zusammenhang auch ganz gut: Die ist, durch das gemeinsame Ritual des Belegens, nicht nur Nahrung, sondern ein Ereignis. Ein Ereignis zudem, an dem schon kleine Kinder sehr gut teilhaben können. *Sandra Lott*

Essen mit dem Auto

Man soll nicht zu viele Spielchen ums Essen machen, aber manchmal muss man das Kind eben dazu bringen, etwas zu sich zu nehmen. Beispielsweise am Abend, damit man eine halbwegs realistische Chance auf eine ruhige Nacht hat.

Also: Wenn das Kind mal wieder nichts essen will, setzt man es einfach an das eine Ende des Tisches und ein beliebiges Spielzeugauto (oder Ähnliches) ans andere Ende. Für jeden Bissen fährt das Auto ein Stückchen vorwärts auf das Kind zu. So hat der oder die Kleine eine Motivation, aufzuessen.

Sebastian

Gemeinsame Mahlzeiten

Wir hatten eine Phase, in der unsere Kinder immer nur spezielle Mahlzeiten wollten, Kartoffelbrei statt Reisauflauf, warme Würstchen statt Gemüsepfanne etc. So nett es ist, für Kinder zu kochen, wir haben derlei »Extrawürste« komplett abgeschafft. Kinder verhungern nicht – und sie mögen viel mehr Dinge, als sie zugeben. Wir zwingen sie nicht, Sachen zu essen, die sie hassen, es geht nur darum, die Mahlzeiten zu einem gemeinsamen Erlebnis zu machen, nicht zu einem Wunschkonzert.

Überhaupt versuchen wir, die Mahlzeiten zu einer Art »Sonderzeit« zu machen, ohne Fernsehen, ohne Comics oder Zeitungen, ohne Spielzeug auf dem Tisch. Wir erzählen uns reihum je ein Ereignis unseres Tages, das blöd war, und eines, das Spaß gemacht hat – so sind alle informiert und die Zeit beim Essen geht schnell rum.

Carlo Walter

Essen und Emotionen

Mein zweijähriger Sohn (wie auch meine Frau) ist ziemlich schlank und wird unleidig und nörgelig, wenn er Hunger hat.

Da ich keine Lust habe, ihn bei Fehlverhalten eigentlich für seinen Hunger zu bestrafen, habe ich immer etwas Essbares in der Tasche, zuckerfreie Müsliriegel, Brezeln oder dergleichen, und probiere in stressigen Situationen immer erst mal das Essen, ehe ich die große Erziehungskeule auspacke.

Und tatsächlich, oft löst sich die Situation so.

Steffen

Kind zum Trinken bringen

Ein paar erprobte Tricks, mit denen es zuweilen gelingt, Kinder zum Trinken zu bewegen:

- Ein buntes Getränk ist aufregender als schlichtes Wasser.
- Sojamilch schmeckt süßer als normale Milch.
- Manche Kinder trinken lieber aus Schnabelbechern.
- Ein Getränk in einem kleineren Glas (Schnapsglas) sieht nicht so »einschüchternd« aus.
- (Leicht) sprudelnde Getränke trinken manche Kinder lieber.
- Strohhalme sind »cool«.
- Ein Wetttrinken mit Mama könnte spannend sein.
- Aus Papas Glas zu trinken wirkt ganz schön »erwachsen«.
- Manche Kinder finden warme Getränke leckerer.
- Anstoßen und laut Prost rufen ist ein ziemlich anregendes Ritual.
- Wenn alles nicht hilft, sollte man versuchen, den Flüssigkeitsanteil in der restlichen Nahrung zu erhöhen: mit Breien und Suppen etwa, aber auch durch die Gabe wasserreicher Früchte.

Gunnar Lott

Die Kunst, keine Wahl zu lassen

Kinder wollen, wenn sich die Persönlichkeit entwickelt, gerne (mit)entscheiden. Dummerweise ist die Erziehung aber kein demokratischer Vorgang – und die Eltern sind keine gewählte Regierung. Zum Beispiel gibt es bei uns nach dem Zähneputzen nur noch Wasser zu trinken; süßer Saft ist keine Option. Um aber dem Bedürfnis nach der Gestaltung des Alltags Rechnung zu tragen, bieten wir manchmal unserer Kleinsten ihr Wasser in mehreren Gefäßen an: Sie darf das Getränk nicht aussuchen, wohl aber, ob sie es aus dem roten Becher mit Strohhalm schlürft oder aus dem grünen Becher trinkt.

Ähnliche Nicht-Entscheidungen kann man überall anbieten, auch wenn es nichts zu entscheiden gibt: »Möchtest du beim Wickeln deine Puppe halten oder das Auto?« geht genauso wie »Wollen wir die Bücher zuerst aufräumen oder die Bauklötze?«

Kai

Anfüttern

Nehmen wir an, wir hätten das Kind endlich dazu gebracht, alleine zu essen. Nehmen wir an, es könne jetzt unfallfrei den Löffel zum Mund führen. Schön, so weit. Jetzt tritt eine zusätzliche Komplikation ein: Das Kleine will gar nicht selber essen, gefüttert zu werden ist ja auch ganz schön – und viel bequemer.

Unsere Tochter hat allerlei Kapriolen geschlagen, um den emotional wehrlosen Vater zum Füttern zu bringen, hat getan, als könne sie's nicht, als möge sie's nicht, als wäre sie unsicher. Natürlich ist mein Göttergatte jedes Mal drauf reingefallen.

Wir haben uns dann auf die folgende, ganz gut funktionierende Regel verständigt: Wir füttern auf Wunsch den ersten Löffel, den Probierlöffel sozusagen, danach muss die Dame selber essen – oder es gibt eben einfach nichts. Punkt. Meist ist es aber, hat man den Geschmack erst mal im Mund, schwierig, sich dem Essen ganz zu verweigern.

anonym

Mehr Obst füttern

Wie man hört, kommt es zuweilen vor, dass Kinder ihr Obst nicht essen mögen, obwohl die Eltern insistieren. Geht uns auch nicht anders.

Wir haben dafür eine Art »Joker« entwickelt: Wir servieren (zuweilen) die betreffende Frucht in Form von Party-Spießchen. Sieht ungewöhnlich aus, macht dem Kind Spaß. Alle Kombinationen sind denkbar, von Käse-Banane-Spießen bis zu Würstchen-Apfel-Spießen. Diese Art zu essen fühlt sich offenbar sehr erwachsen und lässig an – unsere Tochter (2) jedenfalls nimmt so weit mehr Vitamine zu sich als in jeder anderen Zubereitungsart.

Sandra Lott

Schulbrote einfrieren

Bei uns ist's morgens immer hektisch, weil mein Mann und ich früh zur Arbeit müssen und mein Sohn (11) einen langen Schulweg hat. Um den Morgen zu entstressen, habe ich eine elegante Methode gefunden:

Ich schmiere die Schulbrote (und auch das Vesper für meinen Gatten) eine Woche im Voraus und friere sie in dem Beutel ein, in dem sie mitgenommen werden. Wenn die dann morgens aus der Kühlung genommen werden, sind sie bis zur Schulpause aufgetaut.

Ein Apfel dazu, fertig.

Annemarie Müller

Antizyklisch kochen

Irgendwann ist abgestillt, und auch die Gläschen kommen bei den Kleinen nicht mehr an – dann, so zwischen dem 9. und 12. Monat, ist man gefordert, für die Kleinen zu kochen.

In der Regel ist das wenig aufwendig: Eine Kartoffel, ein bisschen frisches Gemüse, etwas Butter und Milch, und das Kind ist glücklich. Was man aber gerade am Anfang immer unterschätzt: Selbst für einfachste Sachen braucht man im Minimum eine Viertelstunde. Ist der/die kleine Racker(in) dann schon richtig hungrig (und man selber vielleicht auch) und steht schreiend neben einem in der Küche, kann der Stresspegel schnell mal unkontrolliert nach oben schießen.

Daher der Tipp: Kochen, wenn die Kleinen satt sind – direkt nach dem Frühstück oder einem Snack. Dann reichen ein paar Plastikschüsseln auf dem Boden zur Ablenkung aus, und es ist vollkommen uninteressant, was geschnippelt und gekocht wird.

Kay Beinroth

Kaugummi im Haar

Elternalptraum: Das Kind hat Kaugummi im langen Haar, der sich beim Zusehen in Zement verwandelt.

Was tun?

Methode 1: Eiswürfel in einen Plastikbeutel tun, zubinden und gegen den Kaugummi drücken, bis der sozusagen erstarrt ist. Das kann eine Viertelstunde dauern. Der vereiste Kaugummi sollte nun brüchig sein und sich zerbrechen lassen. Einzelne Stücke vorsichtig rausbrechen, bis alles draußen ist.

Methode 2: Etwas Speiseöl oder Erdnussbutter in den Kaugummi reiben, das weicht den Kaugummi auf und nimmt ihm das Klebrige. So lange anwenden, bis sich die Haare herausziehen lassen.

Cora A.

Mehr Obst trinken

Eigentlich mögen alle Kinder Obst und Gemüse ganz gern, wenn man sie früh daran gewöhnt und die Eltern Vorbilder sind (und nicht nur Steaks essen, während sie dem Nachwuchs Rohkost vorsetzen).

Für Kinder, die aber dennoch zu wenig Vitamine zu sich nehmen, ist es oft ganz hilfreich, das Obst (oder auch das Gemüse oder am besten eine Mischung aus beidem) als Smoothie oder Shake zu verabreichen: Obst pürieren, Butter- oder Kokosmilch dazu, vielleicht ein bisschen Honig für die Süße, fertig.

Mandelstückchen oder Kokosraspeln kann man noch fürs Auge drüberstreuen, wenn man es ganz perfekt machen will. Ist auch hübsch für Kindergeburtstage oder als Pausengetränk zum Mitgeben in den Kindergarten.

Tanja

PS:

»Obst am Spieß« ist, jedenfalls für unsere Kinder, auch wesentlich cooler als normales Obst. *Rita M.*

Meine Töchter essen zwar Äpfel, lassen aber immer die Schale liegen. Ich habe ihnen einfach erzählt, von den Vitaminen darin bekäme man schöne Haare. Seitdem ist die Schale sehr beliebt. *Marion Bock*

Eigener Garten

Kinder freunden sich leichter damit an, viel Gemüse zu essen, wenn man ihnen zeigt, wo es herkommt.

Nicht jeder hat einen eigenen Garten, aber auch Besitzer eines kleinen Balkons können in einem Blumenkasten ein paar Möhren oder Erdbeeren ziehen. Die Kinder sollten am ganzen Prozess beteiligt sein, von der Aussaat bis zur Ernte.

Das ist zudem ein hübsches Projekt für die Ferien. Für Ungeduldige empfiehlt sich Kresse, die wächst schnell.

Rita M.

Fruchtsaft statt Eis

Unsere drei Jungs wollen immer Eis zum Nachtisch. Da das teuer und auch nicht allzu gesund ist, bin ich auf folgenden Trick verfallen:

Ich schütte ungezuckerten Obstsaft in kleine Förmchen und friere das Ganze ein. Geht auch mit Stiel. So haben wir einen kalten Genuss und trotzdem keinen Zuckerschock nach dem Mittagessen.

Jane Gillian

Erste Hilfe bei Flecken

Ein paar schnelle Tipps für die häufigsten Flecken, die Kinder so produzieren:

- Einweißflecken (Blut, Milch u. a.): Nicht mit heißem Wasser an den Fleck, da gerinnt das Eiweiß bloß. Frische Flecken schnell mit kaltem Wasser ausspülen, dann direkt in die Wäsche. Bei trockenen Flecken hilft mit Wasser verdünnter Salmiakgeist.
- Schokolade: Mit Milch mehrfach ausspülen, dann in die Wäsche.
- Urin: Mit Salz abreiben, dann mit kaltem oder maximal lauwarmem Wasser ausspülen.
- Kot: Sorgfältig mit Papier abwischen, dann mit kaltem Wasser spülen, dann mit Gallseife waschen.

Gerda Meier

PS:
Sobald das Kind ungefähr zwei wird, sollte man sich angewöhnen, vor dem Waschen die Hosentaschen immer auf links zu drehen. Sonst hat man Regenwürmer, Taschentücher, Spielzeugautos und Sandberge in der Waschmaschine. *Tina*

Alles zugänglich

Man erleichtert sich das Leben wesentlich, indem man ein paar Orte, an die das Kind zuweilen muss, leichter zugänglich macht. Im zweiten und dritten Lebensjahr sind Kinder für viele Dinge im Haushalt schlicht nicht groß genug, obwohl sie die Handgriffe schon könnten:

- Eine kleine Bank vor dem Waschbecken ermöglicht es, dass sich das Kind allein die Hände waschen gehen kann, wenn es sich schmutzig gemacht hat.
- Gibt es eine Wickelmöglichkeit in Kindhöhe, kann das Kind schon mal vorgehen und sich die Hose ausziehen, um das Wickeln zu verkürzen.
- Ein Schemel vor dem Klo macht es (zusammen mit einem Aufsatz) möglich, dass das Kleine den Ort selbstständig aufsucht.

Diese Regeln gewinnen insbesondere dann an Wert, wenn man ein zweites Kind bekommt und das Ältere nicht mehr ständig irgendwo hinhieven mag.

Karl Müller

Pragmatisch Haare schneiden

Ich habe drei Kinder zwischen zwei und sechs Jahren, da zählt am Ende eines Monats jeder Euro.

Ich habe mir daher beigebracht, ihnen die Haare selber zu schneiden, solange sie es noch zulassen.

Die Methode ist einfach: Ich klebe einen geraden Streifen Kreppband (von der Sorte, die nicht fest klebt) auf den Pony und schneide ihn komplett wieder weg. So entsteht eine gerade Linie – und den Mindestanforderungen ist genüge getan. Für die komplexeren Sachen rund um die Ohren muss dann irgendwann doch noch ein Friseur ran.

anonym

WAS MAN IM BADEZIMMER TUT:

Zähneputzen und der ganze Rest

Wann beginnen mit dem Zähneputzen?

Zähneputzen gehört zu den wichtigsten Dingen der körperlichen Hygiene, die man Kinder beibringen muss. Hier ein paar Anmerkungen aus medizinischer Sicht:

Man kann damit anfangen, sobald man Beikost gibt. Zunächst genügen kleine Massagebürstchen, ab dem ersten Zahn sollte man mit einer weichen Baby-Zahnbürste putzen. Zunächst ohne Zahnpasta, mit ganz leichtem Druck und kreisenden Bewegungen. Sobald die Backenzähne da sind und die Frontzähne enge Zwischenräume aufweisen, ist Zahnseide angesagt. Schwierig, aber leider auch wichtig.

Sobald das Kind selber ausspülen kann, ist es Zeit, Zahnpasta zu verwenden; ein erbsengroßer Tropfen reicht. Bis etwa zum achten Lebensjahr sollten die Eltern nachputzen, erst dann ist das Kind motorisch in der Lage, selber die volle Verantwortung zu übernehmen.

Elektrische Zahnbürsten sollte man übrigens erst mit drei Jahren verwenden, vorher ist der Zahnschmelz der Kleinen zu weich.

Sabine Fest

Fußnägelschneiden ohne Geschrei

Wenn ich mit meiner dreijährigen Tochter im Sommer unterwegs bin, wundern sich manchmal Leute, dass wir beide im gleichen Ton lackierte Fußnägel haben. Omas runzeln wegen derlei Schnickschnack auch schon mal die Stirn und machen »Tststs«.

Was diese Leute nicht wissen: Meine Tochter hasst das Fußnägelschneiden mit Leib und Seele, jeder kleine Versuch, ein bisschen Pediküre zu machen, endet in einem Tränenmeer.

Aber wenn wir uns danach, in einem kleinen Ritual, gemeinsam die Fußnägel lackieren, erträgt sie das Nägelschneiden tapfer. Und wenn sie ganz brav war, gibt es noch einen Aufkleber auf den großen Zeh …

anonym

PS:

Wir schneiden immer alle kollektiv im Bad. Reihum bekommt jeder einen Zeh geschnitten. Mein Sohn hält mir dann schon immer seine Füße hin, wenn er an der Reihe ist. Langsames Vorgehen, ja, aber so macht er wenigstens mit. *Mareike P.*

Fingernägelschneiden leicht(er) gemacht

Ein paar gesammelte Tricks zum Nägelschneiden:

- Ich markiere die »schlimmsten« Nägel meines Sohnes an der Spitze rituell mit einem Filzstiftpunkt, den wir dann mit wegschneiden. Und wenn wir schon mal dabei sind, machen wir die restlichen auch noch. *Maria Schmidt*
- Ich schneide meiner Kleinen die Nägel, und der Papa lenkt sie ab. Simpel, aber effektiv. *Sabine Fest*
- Wir haben das Problem mit dem Wechsel von der Schere zum Nagelclip gelöst. *Wolfgang Handler*
- Wir machen jeden Finger für eine bestimmte Person schön, den Daumen für den Papa, den Zeigefinger für die Oma beispielsweise. Dann muss einer derjenigen, für die wir uns die Mühe gemacht haben, kommen und den schönen Finger loben. Das funktioniert gut. *Kathrin Pfadenhauer*
- Ich habe das immer mit einem »Zwicker« gemacht, wenn meine Tochter geschlafen hat. *Angela Concetta Garofalo*

Zähneputzen oder nix Süßes

Meine jüngste Tochter (5) hat schon immer ungern Zähne geputzt, ich musste allerlei Tricks anwenden, um daraus ein Spiel zu machen. In letzter Zeit ist es immer schlimmer geworden, ich musste sie regelrecht zwingen, was für uns beide keine angenehme Situation war.

Wenn man etwas unbedingt will – und welche Eltern wollen nicht, dass ihr Kind gesunde Zähne hat? –, ist man sehr »angreifbar« für die Launen des Kindes. Man reagiert immer, und egal, ob freundlich oder verärgert, das Kind hat die volle Aufmerksamkeit erlangt.

Meine Lösung: Ich habe ihr gesagt, sie könne aufhören zu putzen, wenn sie wolle. Allerdings gäbe es dann keine Süßigkeiten und keine Fruchtsäfte mehr, weil diese die Zähne besonders angreifen. Die ältere Schwester erhielt weiterhin hin und wieder Bonbons. Meine Tochter putzte sich fast eine volle Woche nicht die Zähne, dann allerdings kam sie und wollte verhandeln. Sie putzte, ab dem nächsten Tag gab es auch wieder Saft und Süßes.

Seither geht das alles leichter.

anonym

Ist das heiß?

Es geht die alte Anekdote vom Vater, der sein schreiendes Kind an den Ohren ins Badewasser hält. Die entsetzte Mutter kommt hinzu und fragt, warum er das Kind an den Ohren halte. Seine Antwort: »Ja, meinst du, ich will mich verbrennen?«

So schlimm ist die Realität natürlich nicht, Eltern kaufen ja zumeist lange vor der Geburt formschöne Badethermometer, um das Wasser präzise auf die von Kindern geschätzten 36 bis 38 Grad Celsius anzuheizen. Ist mal gerade kein Thermometer zur Hand, kann man die Temperatur auch mit dem Handgelenk oder dem Ellenbogen testen – dort ist die Temperaturempfindung ein bisschen präziser als an den Fingern. (Am Rande: Auch die Wärme der Milch im Fläschchen lässt sich besser am eigenen Handgelenk oder der Lippe feststellen als an der Hand selber.)

Grundsätzlich gilt: Ein komplexes Verfahren wie das Baden von Kleinkindern will vorbereitet sein wie eine Nordpolexpedition: Badezimmer vorheizen (mindestens 24 Grad), Cremes und Handtücher bereitlegen, Kind erst ausziehen, wenn alles bereit ist, Kind mit den Füßen voran langsam ins Wasser halten und nicht auf den Po setzen. Babys nicht länger als fünf Minuten baden.

Thomas W.

Froschige Hände

Unsere Tochter (2) bleibt gerne lange im Bad. Sehr lange. Eigentlich so lange, bis sie komplett aufgequollen ist. Zwischendurch verlangt sie mehrfach nach Nachschub an heißem Wasser, Snacks und Spielzeug.

Einerseits ist das super, weil sie dadurch eine Weile aufgeräumt ist und man sich parallel dranmachen kann, die Wohnung vom Status »Bombeneinschlag« zu »bisschen unordentlich« zurückzuführen. Andererseits nervt es manchmal auch, wenn sie partout nicht wieder raus will.

Wir arbeiten da – wie in jedem Lebensbereich – mit einem kleinen Trick: Bei einer langen Sitzung haben wir ihre Hände genommen (die schon ziemlich gequollen waren) und mit leichter Bestürzung gesagt: »Huch, schau mal, deine Hände sind ja schon ganz froschig.« Sie schaute drauf, erkannte, dass die Hände nicht wie sonst waren, wiederholte »froschig« und hatte verstanden.

Seither schaut sie im Bad immer mal wieder ihre Hände an, sagt irgendwann: »Mama! Froschig! Schau«, und will dann raus.

Sandra Lott

Zähneputzen mit Spaß

Zähneputzen ist so wichtig, dass es fest in jedem Tagesablauf verankert sein sollte. Grundsätzlich funktioniert das ganz gut über Vorbild und Nachahmung, aber ein bisschen Anschieben kann nicht schaden: Wir haben dazu einen Luftballon mit einem netten Gesicht (und offenem Mund) im Badezimmer aufgehängt – nach jedem ordentlichen Zähneputzen hat meine Kleine dann einen Zahn (lies: ein kleines weißes Zettelchen) in den Mund kleben dürfen.

Das hat ihr riesigen Spaß gemacht!

Sonja

PS:

Auch gegenseitiges Putzen hilft, der Sache einen Dreh ins Spielerisch-Lustige zu geben. Meine Tochter (2) fordert jeden Tag energisch die Zahnputzzeit ein, weil das mittlerweile ein richtig choreografiertes Papa-Tochter-Ritual ist: Erst alle Bürsten vorbereiten, dann ich bei ihr putzen, dann sie bei mir putzen, dann spülen, dann Rasierschaumdose schütteln und »Schacka Schacka« rufen, dann Papa einschäumen, dann vorsichtig Papa rasieren, dann abspülen, dann gegenseitig eincremen. Fertig. Puh. Viel Arbeit, aber auch viel Spaß, und nebenbei sind die Zähne sauber geworden. *Gunnar Lott*

Haarewaschen!

Viele Kinder baden gerne, wenige Kinder lassen sich gerne die Haare waschen. Es hängt offenbar daran, dass die Kleinen entweder die Augen einfach nicht gern zumachen oder zumindest Angst haben, ihnen würde Wasser in die Augen laufen.

Dazu fünf Methoden:

- Jedes meiner drei Kinder hatte mit circa zwei Jahren eine kleine Haarewaschen-Phobie. Allen hat eine lustige Taucherbrille (die Augen und Nase vor dem Wasser schützt) die Angst genommen und problemloses Waschen ermöglicht. *Brigitte*
- Das Problem haben wir gelöst, indem wir der Kleinen einen Waschlappen vor die Augen gehalten haben – dann hat sie automatisch die Augen geschlossen. *Zip*
- Was bei uns immer wieder funktioniert, ist das «Wie ich dir, so du mir»-Prinzip. Mit in die Wanne setzen, einen Becher nehmen – und das Kind darf meine Haare genauso waschen wie ich seine. Und nicht vergessen: viel lachen und aus der Sache ein Spiel machen. *Jan*
- Unsere Kleine (4) lässt sich mit der Gießkanne duschen – ohne Geschrei, weil der Strahl sehr genau zu steuern ist. Und wachsen tut sie dank regelmäßigem Gießen auch wunderbar … *Steffen*
- Wir halten unserem Sohn den Waschlappen ins Gesicht, und ich frage, bis wohin er zählen möchte. Bis 20

muss schon sein, oder zwei Mal bis zehn. Wir zählen gemeinsam, und so denkt er gar nicht mehr über das Haarewaschen nach. An zwei Kindern erprobt.
Nanette

Leichter ins Bad

Nicht alle Kinder baden gerne. Aber die meisten Kinder lieben spritzendes Wasser, Plantschen und das Konzept von Regen.

Wenn man die Dusche nicht als Sauberkeitserzeuger versteht, sondern als Regenmacher (und dem Kind vielleicht anfangs sogar mal erlaubt, einen kleinen Regenschirm mit in die Wanne zu nehmen), geht vieles hinterher leichter von der Hand.

Sogar das schreckliche, schreckliche Haarewaschen.

Auch gut: ein Waschlappen in Form eines Tiers (wir haben ein Krokodil), das der ganzen Sache eine spielerische Note gibt.

Michael M.

Der Zahnputzpass

Mein Sohn (anderthalb Jahre alt) hat so seine Launen beim Zähneputzen. Er hat getobt, geschrien, sich mit Händen und Füßen gewehrt – wir haben alles probiert. Geholfen hat erst der «Zahnputzpass».

Der Pass ist ein Blatt Papier mit drei Reihen zu je zehn aufgemalten (oder ausgedruckten) Comic-Zähnen und Zahnbürsten. Wenn der Kleine brav seine Zähne geputzt hat, darf er einen Sticker auf ein Symbol kleben. Hat er eine Reihe voll, bekommt er eine kleine Überraschung, ein Spielzeugauto oder so was.

Wir sind konsequent – macht er beim Putzen nicht vernünftig mit, gibt es an diesem Abend keinen Aufkleber.

Martina Schurian

Der Zahnputzsong

Ein simpler Trick aus meinem Erziehungsalltag:

Wir alle wissen, dass Kinder (und Erwachsene) dazu neigen, das Zähneputzen abzukürzen. Wir spielen daher immer ein Lied während des Putzens, um sicherzustellen, dass die Mindestzeit von zwei Minuten eingehalten wird. Bevor das Lied nicht vorbei ist, darf man nicht aufhören.

Der Titelsong der alten TV-Serie »Wickie« (2:05 Minuten) und das Sesamstraßenlied (2:14) sind unsere Favoriten. Damit ist auch gleich die Mindestzeit Zähneputzen (zwei Minuten) abgehandelt.

Stefan Schmidt

Die Sache mit dem Töpfchen

Einer der häufigsten Fehler bei der Sauberkeitserziehung ist übergroßer Ehrgeiz der Eltern. Auch Kinder, die nicht dazu erzogen werden, werden sauber, nur eben später – insofern sollte man die Sache nicht übertreiben.

Der einfachste Weg ist es, dem Kind, sobald es erstmals von sich aus Interesse an dem Thema Ausscheidungen, Klo, Verdauung zeigt, das Töpfchen anzubieten, nach dem Essen, für zwei, drei Minuten. Ohne wirklichen Zwang zum Vollzug, eher als leichtes Bekanntmachen. Das tun wir immer wieder, drei bis vier Mal pro Tag, ohne aber Druck auszuüben.

Ein besonderes Lob für ein verrichtetes Geschäft ist ebenso unnötig wie Kritik für das Vollmachen der Windel. Geduld ist hier gefragt, der Prozess kann sich über Monate hinziehen.

Wenn das Kind sich schließlich von selber meldet, erleichtern wir es ihm, die Sache alleine zu bewältigen: zugängliches Töpfchen (oder gleich das Klo), leicht ausziehbare Hosen etc.

Arlene

Das stille Örtchen

Die ganze Sache mit dem Sauberwerden ist von Kind zu Kind ziemlich unterschiedlich. Eine Eigenart unseres Sohnes möchte ich allerdings gerne weitergeben, vielleicht hat noch jemand das Problem:

Der Sohnemann brauchte beim Aufs-Töpfchen-Gehen zunächst das ganze Programm: Überredung, Beobachtung, zum Schluss Applaus für die Heldentat. Nach einiger Zeit aber gefiel ihm das alles nicht mehr, und er wollte nicht mehr auf den Topf.

Irgendwie kamen wir drauf, dass Privatsphäre beim Toilettengang vielleicht auch nicht schlecht wäre, und haben ihm das Töpfchen in eine Ecke im Zimmer gestellt und mit einem Paravent verdeckt. Plötzlich hat's ihm wieder Spaß gemacht!

anonym

Der Zahnputztiger

Bei uns gibt es die Option »heute kein Zähneputzen« nicht. Irgendwann war das dann für unsere Tochter so klar, dass sie nun sogar danach fragt, wenn's Richtung Bett geht.

Der Dreh: Alles darf Spaß machen – und mit Spaß geht alles leichter.

Beim Zähneputzen gibt's da viele Möglichkeiten:

- Brüllen wie ein Löwe (so kommt man gut an die Backenzähne)
- Tierlaute nachmachen (I-Ah und Kikerikiiii bieten sich an)
- Kinderlieder nur mit A und I singen
- Erklären, wie die Zahnmonster aussehen
- Zähne zeigen wie ein Tiger (für die Schneidezähne)

Robert Szuka

Das elterliche Geschlechtsteil

Früher oder später ergibt es sich: Das Kind wird ein oder mehrere elterliche Geschlechtsteile entdecken. Und, im Falle des Penis, daran ziehen. Mehr oder weniger vorsichtig. Und einen Kommentar nebst Kennerblick abgeben: »Papa, dein Pimmel ist aber puschelig.« Was immer das sein soll.

Die Frage stellt sich: Tolerieren oder verbieten?

Verbieten ist doch eher dem Zeitgeist entsprechend. Verbieten ist aber auch so eine Art Erziehungs-Minenfeld, das Kind soll ja auch keine Komplexe kriegen.

Eleganter Ausweg: »Das darf nur der Papa/nur die Mama« ist wertneutral, fürs Kind begreiflich und irgendwie auch noch ganz freundlich.

Thomas Müller

TROTZEN UND STREITEN:

Methoden gegen den Wutanfall

Argh, die Trotzphase!

Unser Sohn ist mit anderthalb Jahren pünktlich in die Trotzphase eingetreten. Seither wissen wir, warum man Zweijährige in den USA »Terrible Twos« nennt. Hier ein paar allgemeine Erfahrungen zum Thema »Trotzen«:

- Unbedingt auf Einhaltung von Routinen achten, besonders beim Essen und Schlafen.
- Wenn man Angebote macht, dann nur mit begrenzter Auswahl, also nicht »Was willst du essen?«, sondern »Apfel oder Banane?«.
- Grenzen setzen und einhalten – und nicht ärgerlich werden, wenn das Kind versucht, die Grenzen auszureizen, das gehört zu dieser Phase dazu.
- Auf Wutanfälle nicht zu stark eingehen, vor allem nicht mit eigener Erregung. Lieber mal (kurz!) den Raum verlassen: »Mama geht jetzt in die Küche, bis du dich beruhigt hast.«
- Kleinkinder wollen in dieser Phase viel erforschen – lieber mal ein paar zerbrechliche Dinge in der Wohnung temporär wegpacken anstatt große Kämpfe zu führen, um das Kind davon fernzuhalten.

Ach, und zum Abschluss noch was Praktischeres: Wenn unser Kleiner mal wieder die Jacke nicht anziehen will und wegläuft, setze ich ihn schwupps! auf die Tischkante. Da kann er nicht weg, ich muss ihn nicht festhalten und kann ihn fertig anziehen.

Matthias Beck

Schreien lassen

Da man in der Babyphase nun mal gelernt hat, das Kleine nicht schreien zu lassen, sondern auf dieses Signal schnell zu reagieren, ist die Versuchung groß, dieses Verhalten beim Kleinkind fortzuführen:

Also gibt man zehn Minuten vor der Mahlzeit den dringend gewünschten Gummibär heraus, verbringt den gesamten Heimweg vom Supermarkt mit dem »Engelchen, Engelchen flieg«-Spiel oder verschiebt das Schlafengehen um drei Viertelstunden, wenn der Nachwuchs nur deutlich genug mit dem Weinkrampf droht.

Dabei übersieht man eine Sache: Kleinkinder können ihre Reaktionen noch nicht gut modulieren – bei manchen Kindern ist die Intensität des Weinens immer nahezu gleich, egal, ob ihnen nun ein Arm abgerissen oder der fünfte Schokokeks verwehrt wurde, überspitzt gesagt. Man hält als Vater oder Mutter also auch alles für gleich wichtig.

Dabei ist Kindern im Normalfall grundsätzlich klar, dass Bettzeit Bettzeit ist oder dass nur drei Kekse erlaubt sind. Und die meisten Heulanfälle wegen Kinkerlitzchen sind schon nach 25 Sekunden wieder vorbei. Durch den vorauseilenden Elterngehorsam aber erhält das Kind zu selten die Gelegenheit, ein bisschen Einsicht zu zeigen.

Was sich später noch rächt. Ich spreche aus Erfahrung.

Gunnar Lott

Trotzanfall beenden

Trotzanfälle sind in einer bestimmten Lebensphase Alltag, unsere Tochter (2) pegelt sich gerade bei drei pro Tag ein. Was zu Hause schon ärgerlich ist, wird auswärts zuweilen nachgerade peinlich. Andererseits sind aushäusige Trotzanfälle aber auch eine Chance: Da das Kind natürlich primär gegen die eigenen Eltern trotzt, gelingt es einem bzw. einer Bekannten oder Verwandten oft sehr leicht, die Kleine mit ein paar netten Worten und einer Berührung aus dem Anfall zu befreien.

Also versuchen wir, nicht automatisch selber in die Bresche zu springen, um das Kind zu beruhigen, sondern bitten jemand anderen. Hat auch den Vorteil, dass der andere oft gelassener ist.

Gunnar Lott

PS:
Wir versuchen, in so einer Situation alles positiv zu formulieren: Statt »Nein, die Gummistiefel ziehen wir bei Sonne nicht an« sagen wir: »Hey, zeig mal, ob du in den Sandalen weiter springen kannst.« Entschärft die Lage meist immerhin ein bisschen. *Carina*

Alles auf Anfang

Wenn unsere Tochter bei einem Wunsch mal wieder die Form vermissen lässt, also schreit, Haare rauft, sich auf dem Boden wälzt oder sonst wie unpassend kommuniziert, bitten wir sie, kurz den Raum zu verlassen und die Bitte vernünftig vorzubringen. Eine Chance für beide Seiten: Sie kann noch einmal neu beginnen (und der Vorfall ist vergessen); und wir haben eine Methode, ein unerwünschtes Verhalten zu unterbrechen.

Man kann das Verfahren noch mit einem vorher erklärten Codewort verstärken, also bei einem Anfall »Feenstaub!« sagen, um das Kind auf sein Fehlverhalten hinzuweisen, ohne eine Rüge oder ein böses Wort auszusprechen.

Stephanie H.

PS:

Wenn der Trotzanfall begonnen hat, ist die Situation ja schon automatisch verfahren – wir versuchen dann gerne, ein kurzes Bewegungsspiel zu beginnen. Um die negative Energie abzuleiten, sozusagen. Nach zwei Minuten Toben sieht die Welt meist schon wieder ganz anders aus. *Horst*

Wortblume, Wortschwert

Wenn ich meinen drei kleinen Rabauken in einer bestimmten Situation klarmachen will, dass sie nicht höflich genug sind, dann erinnere ich sie: »Mach daraus doch eine Wortblume!«

Eine Wortblume geht ganz einfach: das Wort »Bitte« hinzufügen, netten Tonfall anschlagen. Und Blumen zu verschenken macht Kindern Spaß …

Wenn sie sich hingegen zu kleinen Gewalttätigkeiten hinreißen lassen, um ihre Interessen zu verteidigen, dann erinnere ich sie daran, doch das »Wortschwert« zu benutzen – das ist für kleine Jungs einfach cooler, als einfach nur »nicht hauen« oder »redet miteinander« zu sagen. Das Wortschwert ist eine klare, scharfe Formulierung, ohne Beleidigung: »Gib mir sofort das Feuerwehrauto zurück!« Das funktioniert gut, weil die Kinder wissen, dass ich zu Hilfe komme, wenn Wortschwerter ignoriert werden …

Nach kurzer Lernphase haben die drei sich gut daran gewöhnt und sind tatsächlich ein bisschen höflicher und friedlicher geworden.

Sigrid Ragossnig

Das Kind beißt!

Fast jedes Kind hat eine Phase, wo es beißt – andere Kinder, Geschwister oder auch die Eltern. Das Gefährlichste beim Beißen ist, dass Kinder damit ausgesprochen viel Aufmerksamkeit bekommen, viel mehr als beim Schlagen. Daher muss man das rasch unterbinden, aber aufpassen, dass man nicht zu viel Wind macht.

Unsere Regel: Nicht laut ausschimpfen, sondern ernst sagen, dass man das nicht möchte, und das Kind (kurz) aufs Zimmer schicken.

Wir haben auch schon mal »zurückgebissen«, ganz leicht, nur um zu zeigen, wie unangenehm das ist.

Gunnar Lott

PS:

Ich hab den Eindruck, dass es hilft, wenn man den Kindern sanft an den Mund fasst, während man (leicht gelangweilt) »Nein« sagt – damit sie wissen, wo der Fehler war. *Sigrid Ragossnig*

Wir verwenden für ernste Verfehlungen das Wort »Stopp« statt »Nein«. Hintergrund: »Nein« sagt man im Alltag ziemlich häufig, das ist nicht zu vermeiden – »Stopp« ist also ein »schwereres Geschütz«, das die Zwerge angeblich besser verstehen. *Martina Schurian*

Lauter schreien

Es ist ein primitiver Trick, dennoch wenden ihn Eltern seit Ewigkeiten an. Warum? Na ja, weil er funktioniert.

Nehmen wir an, das Kind schreit ohne echten Grund oder nervt durch stetige Nörgelgeräusche. Statt nachzugeben oder das Schreien zu verbieten, feuern wir das Kind an: Schrei mehr, schrei lauter, hör jetzt nicht auf, da geht doch noch was.

Wir lassen uns dabei auch schon mal hinreißen, selber laut mitzuschreien. Die Methode ist, weil anstrengend für Kind, Eltern und zufällige Passanten, eine Art letztes Mittel. Bei konsequenter Anwendung aber sehr lehrreich …

anonym

Ruhig bleiben

Dieser Tipp ist für Eltern von Babys und Kleinkindern, bei denen man noch nicht alles erklären kann.

Es mag paradox klingen, aber bei den wirklich wichtigen Sachen (wie beißen, Mama an den Haaren ziehen, kratzen, hauen, kleine Gegenstände in den Mund nehmen, sich Steckdosen nähern, den eigenen Kot verschmieren, schrill kreischen) sollte man versuchen, möglichst kühl zu reagieren und das Verhalten neutral zu verbieten.

Bei panischen Reaktionen auf einen ersten zufälligen Verhaltens-Versuchsballon schnallen die Kleinen ansonsten nämlich sofort, dass sie durch die Wiederholung dieses Verhaltens massig Aufmerksamkeit auf sich ziehen können und tun es wieder.

Steffen

Paradoxe Reaktion

Ein typischer Trotzanfall eines Zweijährigen ist nicht mit Reden und nicht mit Weggehen lösbar.

Bei uns funktionieren scheinbar paradoxe Reaktionen am besten: Wenn der Kleine beispielsweise nach einem Spaziergang in der Wohnung seine Winterjacke nicht ausziehen will und sich ein Wutanfall ankündigt, binde ich ihm ruhig noch seinen Schal um. Und sage, dass der Schal zum Outfit dazugehöre und er den brauche, wenn ihm so kalt sei. Dann kommen noch die Mütze und die Ankündigung, die Heizung in seinem Zimmer voll aufzudrehen. So gebe ich ihm Gelegenheit, die Tragweite seines Handelns zu begreifen – und biete einen logischen Ausweg: Durch Ausziehen der Jacke vermeidet er, ohne Ringkampf oder langen Streit, die negativen Folgen.

Ein Sieg für beide, sozusagen.

Der Trick dabei ist, dem Kind zwei Möglichkeiten zur Auswahl zu geben – auch wenn die eine nur »vorgetäuscht« ist. Eine Auswahl kann ein Kind leicht treffen, sich aus einem Trotzanfall zu befreien ist viel schwerer.

Mario

Der böse Schuh

Viele Trotzanfälle entstehen, weil das Kind irgendetwas tun möchte, es aber nicht hinbekommt.

Manchmal kann es ganz hilfreich sein, den Zorn des Kindes voll auf das betreffende Objekt zu lenken: »Du hast Recht, das ist ein böser Schuh, der will sich nicht anziehen lassen. Komm, wir sperren ihn in den Schuhschrank.« Oder »Der doofe Becher ist doch glatt vom Tisch gesprungen. Der muss jetzt in die Spülmaschine.«

Das ist nicht unbedingt eine Methode, die ewig und immer funktioniert, aber manche Situationen lassen sich damit schnell auflösen.

Petra Maria Schmidt

Erst mal abwarten

Wenn unsere Tochter (3) einen ihrer schlimmen Wutanfälle hat und sich brüllend auf dem Boden wälzt, um sich schlägt und mit den Beinen strampelt, verschlimmern alle Trostversuche den Anfall nur.

In den ersten Minuten ist es dann besser, Distanz zu wahren, sie nicht zu berühren und ihr nicht in die Augen zu schauen. Das gibt ihr den Raum, sich selber wieder ein bisschen zu fangen.

Natürlich bleibe ich in der Nähe und passe auf, dass sie sich nicht verletzt.

anonym

VERHALTEN UND HALTUNG:

Das Kind dazu bringen, etwas zu tun

Haltung bewahren

Man sieht es bei anderen, man macht es selber:

Aufgestellte Regeln und Prinzipien werden ignoriert, pro Tag gibt es tausend Ausnahmen – Eltern machen, um Stress zu vermeiden, viele Kompromisse. Das ist ganz natürlich und auch nicht schlecht, aber ... man sollte bedenken, dass man damit sich und dem Kind keinen Gefallen tut. Eine klare, unumstößliche Haltung der Eltern ist für das Kind auch entlastend.

Wer das generell unmenschlich findet, möge sich erinnern, dass es eine ganze Reihe von Regeln gibt, die alle Eltern wichtig genug finden, um keine Kompromisse zuzulassen: Anschnallen beim Autofahren, nicht aus Papas Weinglas trinken, nicht einfach über die Straße laufen etc. Das funktioniert eigentlich in allen Familien gleich.

Wer die gleiche Konsequenz aufs Essen, Schlafengehen und andere Bereiche anwendet, betreibt keine »schwarze Pädagogik«, sondern erleichtert seinem Kind und auch sich selber das Leben.

Karin S.

Verloren im Supermarkt

Jeder kennt die Situation: Das Kind geht mal kurz verloren, weil es um eine Ecke gelaufen ist, hinter einer Hecke verschwunden ist, in einen unbekannten Supermarktgang geraten ist etc.

Das Kleine gerät in Panik, fängt erst mal gehörig an zu weinen, ruft vielleicht nach »Mama«. Nun sind ziemlich viele Leute auf den Hilferuf »Mama« geeicht, alle hören hin, aber das eigene Kind sofort am Weinen zu erkennen gelingt manchmal auch erfahrenen Eltern nicht. Besser ist es, man bringt dem Kind einen speziellen »Ich habe mich verlaufen«-Ruf bei – das kann der Ruf nach dem Vornamen der Mutter sein, ein kleines Hilfelied (auch wenn's albern ist) oder auch nur die klare Ansage: »Marleen hat sich verlaufen! Mama!«

Alles besser als ungerichtetes Mama-Papa-Gebrüll. Außerdem hat das den positiven Nebeneffekt, dass das Kind eine erprobte Handlungsmethode zur Hand hat, die (hoffentlich) zuverlässig die Eltern herbeiholt – und nicht auf das Allheilmittel Weinen setzen muss.

Gunnar Lott

Gib das mal her!

Typisches Kleinkinder-Problem: Wenn diese bestimmte Phase einsetzt, in der das Wort »Meins!« so besonders wichtig wird, ist es oft schwierig, das Kind dazu zu bringen, etwas ab- oder herzugeben.

Der klassische Fall bei uns ist, dass wir bei Freunden zu Besuch sind, unsere Kleine stante pede das schönstmögliche Spielzeug des dort wohnenden Kindes an sich reißt, es lautstark zu seinem Privatbesitz erklärt und deutlich macht, dass sie sich eher mit glühenden Zangen foltern ließe, als dieses bestimmte Spielzeug wieder rauszurücken.

Lösungsansätze: In der Regel haben das bedrohliche gleichaltrige Kind und die öden eigenen Eltern bei derlei Machtspielchen die schwächste Position, anders ist das bei total faszinierenden Leuten – etwa einem deutlich älteren Kind oder fremden Erwachsenen. Wenn wir sagen: »Gib das mal dem Jungen zurück« oder »Gib uns das«, haben wir keine Chance – wenn wir aber sagen: »Gib das bitte mal der Tante Tina«, tappst die junge Dame mit großen Augen los und überreicht das Corpus Delicti.

Was auch gut funktioniert, allerdings nur zu Hause, ist das Mülleimer-Ritual: Wir haben dem Mädchen beigebracht, den faszinierenden Küchenmülleimer zu bedienen. Wenn es jetzt mal was in der Hand hat, was es nicht in der Hand haben soll, etwa ein Stück Brot vom Boden oder halbgeschmolzene Schokolade, bitten wir sie, das in den Mülleimer zu werfen. Was sie mit großem Ernst und im vollen Bewusstsein einer verantwortungsvollen Aufgabe dann auch tut.

Gunnar Lott

Ereignisse gemeinsam planen

Man mag es als überflüssig empfinden, weil Kinder eh kein besonders gutes Gefühl für Zeit haben, aber wir nehmen uns oft die Zeit, mit unseren Kindern Dinge durchzusprechen, bevor sie passieren. Wir reden über den Besuch der Oma morgen, über den Ausflug zu Bekannten in der Nachbarstadt am Wochenende, über den Besuch beim Kinderarzt. Alles ohne große Dramatik, eher sachlich. Manchmal verknüpfen wir damit Verhaltensregeln (»Du weißt, der Luca ist noch klein – wenn der an deine Spielsachen geht, musst du großzügig sein«), manchmal wollen wir bei den Kleinen nur eine positive Grundstimmung erzeugen.

Natürlich machen wir das zuweilen auch zum Selbstschutz, etwa wenn's zum Einkaufen in den Supermarkt/Baumarkt geht, wo wir wirklich kein Geschrei gebrauchen können. Dann reden wir über anständiges Verhalten in der Warteschlange, über das Verbleiben unbezahlter Produkte in den Regalen und über mögliche Belohnungen für erfolgtes Wohlverhalten. So hat man bei auftretenden Problemen wenigstens immer einen Spruch parat: »Wir hatten uns doch gestern darauf geeinigt, dass der Luca auch mal mit dem Feuerwehrauto spielen darf.«

Wir haben damit sehr gute Erfahrungen gemacht, weil die Kinder sich ernst genommen fühlen. Man kann das auch mit kleinen Zeichnungen oder Fotos unterstützen.

Kai

Hinfallen ohne Geschrei

Wenn das Kind einen Grund zum Schreien hat, hilft zuweilen Ablenkung, um das (für die Elternohren) Schlimmste zu vermeiden. Der älteste, aber dennoch sehr wirksame Trick, um ein Kind, das gerade hingefallen ist, von dem erlittenen Unbill abzulenken, ist, schnell zu fragen: »Hast du da auf dem Boden was gefunden?« Manche lassen sich davon aus dem Konzept bringen und vergessen, dass sie gerade schon Luft für ein wildes Geheul geholt hatten.

Wir haben unserer Tochter für leichte Stürze das harmlose Wort »Hoppala« beigebracht, das wir immer sagen, wenn's nun wirklich nicht schlimm genug aussah, um Weinen zu rechtfertigen. Das signalisiert, dass sie mit großer Tröstung nicht rechnen darf, was wiederum ihre Motivation einschränkt, uns die ganz große Szene hinzulegen.

Gunnar Lott

Selber laufen

Die Tatsache, dass das Kind selber laufen kann, heißt noch lange nicht, dass es das auch tut. Unser Sohn will immer auf den Arm, bei jedem noch so kurzen Weg.

Wir nehmen daher immer den Buggy mit, auch für kleine Strecken, um mit Konsequenz die Wahl »Buggy oder Laufen« anbieten zu können. Zusätzlich gibt es ein paar Laufspiele, die ihn immerhin davon abhalten, schmollend stehenzubleiben:

- Anschubsen: Der Kleine schubst die Mama an, die geht ein paar Schritte und bleibt bis zum nächsten Anschubsen stehen. So bewegen wir uns Stück für Stück kichernd fort.
- Rote Ampel: Wir erklären eine beliebige Stelle des Bürgersteigs zur roten Ampel, halten inne, sprechen gemeinsam den Satz »Die Ampel war rot, aber jetzt ist … GRÜN« und laufen los.
- Countdown: Wir bleiben gemeinsam stehen, zählen laut »eins, zwei, drei, vier, fünf, los!« und laufen.

Birgit

Machen lassen

Kinder wollen und sollen Dinge selber tun, insbesondere im kritischen Alter um das dritte Lebensjahr herum.

Wer hat nicht schon den Schreianfall eines Kindes miterlebt, wenn die Mutter einfach den Knopf im Bus selber gedrückt hat, anstatt dem Kind die Gelegenheit zu überlassen? Derlei Dinge kann man ins Leben einbauen, wenn man möchte: Vorausschauen, nach Aufgaben für das Kind suchen, den eigenen Wunsch nach Effizienz zurücktreten lassen.

Überhaupt sollte man dem Kind nie Sachen abnehmen, die es schon selber kann. Man vermeidet einerseits unnötige Wutanfälle und gibt dem Kind andererseits Chancen, selbstständig zu handeln.

Unsere Tochter war zudem großzügig genug, um eine Wiederholung zu erlauben: Wenn ich wieder unachtsam die Tür geöffnet hatte, obwohl sie das hatte tun wollen, durfte ich sie wieder schließen und so die Situation ungeschehen machen. Immerhin.

T. Schmidt

Flüstern gegen Schreien

Wenn sich ein Kind langsam so richtig schön einschreit, gibt es einen simplen Trick, der verblüffend oft wieder für Ruhe sorgt:

Flüstern. Einfach flüstern.

Egal, ob sich ein Kleinkind gestoßen hatte oder übermüdet war oder ihm einfach nicht genug Beachtung geschenkt wurde: Ich habe schon einige Kinder wieder ruhig bekommen, indem ich ihm/ihr etwas (was, war eigentlich egal) ins Ohr geflüstert habe – fast immer siegt die Neugier, da das Kind hören möchte, was da erzählt wird. Und man hört ja so schlecht, wenn man selbst lautstark herumsirent. Also schraubt das Kind langsam die Lautstärke runter, um besser zuhören zu können.

Bea

PS:
Wenn man mir nicht zuhört, singe ich meine Anweisungen auch schon mal – das verblüfft die Kinder immerhin. Wenn man den Trick nur selten einsetzt, funktioniert er ganz gut. *Karla*

Die Anschnallsocke

Wenn meine Kleine im Kindersitz sitzt, fummelt sie manchmal an der Schließe des Anschallgurtes herum, was mich ziemlich nervös macht.

Ich habe daher eine kleine bunte Socke aufgetrennt und ziehe die immer über die Schnalle.

So kommt sie nicht dran, und ich bin ein bisschen beruhigter beim Fahren.

anonym

Das gespiegelte Verhalten

Wenn ich Dinge im Haushalt zu erledigen habe, binde ich entweder meine Tochter mit ein oder ich versuche, eine ähnliche Tätigkeit für sie zu finden, die sie parallel zu meiner ausüben kann:

Wenn ich Briefe zu schreiben habe, mache ich ihr auf der anderen Tischseite eine Malecke.

Muss ich kochen, bekommt sie Töpfe und Tiegel und Zutaten, um selber was zu kochen.

So »arbeiten« wir beide auf ähnliche Weise.

Beate Müller

Licht aus!

Wir haben, wie sicher alle Eltern, ein ausgefeiltes Abendritual, das dafür sorgt, dass das Kind mit einiger Sicherheit irgendwann mit Schlafanzug und geputzten Zähnen im Bett liegt.

Vor einiger Zeit hat unsere Tochter (2) begonnen, das Procedere subtil auszudehnen: mit Forderungen nach noch ein bisschen Kuscheln, nach einer weiteren Runde des Gesichterspiels, nach nochmaligem Lesen des aktuellen Lieblingsbuchs.

Wir taten uns immer ein bisschen schwer, das abzulehnen, weil wir das Abendritual nicht mit Weinen enden lassen wollten. Jetzt aber haben wir einen kleinen Trick gefunden, das Ganze zu beenden:

Wir fragen die Kleine, ob wir das Licht ausmachen sollen – oder ob sie das selber tun möchte. Selbstverständlich will sie das selber machen, legt stolz den Schalter um, und zack!, das Licht ist aus, der Rest geht wie von selber.

Sandra Lott

Noch eins – dann ist Schluss

Kinder wollen viele Dinge wiederholen: noch einmal auf Papa reiten, noch ein Gummibärchen, noch einmal »Engelchen, Engelchen flieg« spielen. Das zu unterbrechen ist manchmal schwierig – man will ja nicht immer der/die Böse sein.

Bei uns funktioniert es halbwegs mit einem kleinen Ritual: Wir kündigen das Ende an, mit »Noch zweimal, dann ist …«, worauf unsere Tochter »Schluss« antwortet. Dann nochmal (»Noch einmal, dann …«) und beim abschließenden, gemeinsam gesprochenen »Jetzt ist Schluss« machen wir's als Bonus nochmal.

Und dann ist wirklich Schluss.

Gunnar Lott

Neues Geschwister

Mein Sohn wird jetzt sieben und bekommt sein erstes Geschwisterchen, welches er sich auch schon lange vom Weihnachtsmann wünscht.

Wir möchten verhindern, dass er sich ausgeschlossen fühlt, wenn das Baby auf der Welt ist. Daher beziehen wir ihn jetzt schon mit ein: Er fühlt am Bauch, er spricht mit dem Baby und sagt ihm Gute Nacht. Wir lassen ihn auch mitentscheiden, wenn es darum geht, ein Bettchen oder Klamotten für das Baby zu kaufen. Auch bei der Namensüberlegung fragen wir ihn und besprechen mit ihm ernsthaft, welche Namen er toll fände.

Und auch im Alltag mit dem Baby wollen wir ihm klare, aber natürlich beherrschbare Aufgaben zuweisen, etwa das Geben des Fläschchens oder das Schieben des Kinderwagens.

Mal schauen, wie das klappt.

Alraune Langen

Brüder im selben Zimmer

Unser Kleinster hat die ersten zwei Lebensjahre nie durchgeschlafen und auch beim Einschlafen immer Probleme gehabt. Wir haben alles probiert, nichts hat geholfen.

Gelöst hat sich das erst, als wir es zugelassen haben, dass er bei seinem Bruder mit im Zimmer schläft. Glücklicherweise findet es der Bruder ebenfalls okay.

Offenbar ist es für manche Kinder wichtig, dass noch jemand im Zimmer ist.

anonym

Spielzeug-Timer

Wir haben zwei Jungs, die altersmäßig nicht weit auseinanderliegen. Da bleibt es nicht aus, dass sich die beiden mal ums Spielzeug streiten.

Ich gehe da ziemlich rigoros vor: Spielzeug wegnehmen, Eieruhr holen, Eieruhr auf zehn Minuten einstellen, ansagen, dass einer jetzt zehn Minuten mit dem umstrittenen Gegenstand spielen darf, danach wird gewechselt. Münze werfen, um zu bestimmen, wer anfängt, los geht's.

Anna K.

Hausarbeiten

Es gibt eine Reihe von Aufgaben, die im Alltag ständig erledigt werden müssen – es lohnt sich, Kinder darin von Anfang an einzubinden.

Spielerisch natürlich: Beim Wäsche-Aufhängen kann man beispielsweise erklären (oder erraten lassen), wem welches Kleidungsstück gehört und wie die Farbe heißt und zu welcher Gelegenheit man es trägt. Später lassen sich kleine Teilaufgaben übertragen: Socken aufhängen, Unterhosen abnehmen, Spültücher in eine Kiste legen etc. Genauso geht es mit dem Ein- oder Ausräumen des Geschirrspülers und allen weiteren Aufgaben.

Wichtig: All diese Dinge sollten nicht mit Belohnungen verbunden sein. Bei Haushaltssachen muss jeder mitmachen, Selbstverständlichkeiten sind keine Belohnung wert, das verdirbt bloß den Spaß.

Michaela Meyer

Vorbilder arrangieren

Kinder lernen bekanntlich gut durch Nachahmen. Und sie geben, wenn sich so mit anderthalb oder zwei Jahren die sozialen Fähigkeiten entwickeln, viel auf die Meinungen von Vorbildern – neben den Eltern sind das oft befreundete Erwachsene und, vor allem, andere Kinder.

In unserem Bekanntenkreis gibt es eine Reihe Kinder in ähnlichem Alter, die alle ganz unterschiedliche Problemchen haben. Also tauschen wir uns aus und arrangieren die Treffen ein bisschen mit »Hintergedanken«. Unsere Tochter hatte immer Angst vor Spinnennetzen – das ist vorbei, seit die Nachbarstochter ihr erklärt hat, dass Spinnennetze harmlos sind. Der Sohn der Freundin wäscht sich jetzt mit Freuden selber die Haare in der Badewanne, seit er beobachtet hat, wie unsere Kleine sich kichernd mit der Spielzeuggießkanne Wasser über den Kopf geschüttet hat. Und die Cousine hat keine Angst mehr vor Katzen, seit wir an unserem leidensfähigen Kater demonstriert haben, dass Katzen nicht beißen.

Und so weiter.

Gunnar Lott

Im Spielzeugladen

Manchmal muss man, leider, einen Spielzeugladen betreten. Das ist mit einem Kind im Schlepptau kein Spaß, wenn man nicht gerade vorhat, den Laden leerzukaufen.

Wir machen das so: Ich lasse meinen Sohn durchaus mit dem Stofftier spielen, allerdings nur direkt neben dem Regal. Wenn er es mitnehmen will, erkläre ich, dass das Tier zu seiner Mama zurückmuss und nicht mitkommen will. Wir machen dann ein hübsches Abschiedsfoto von ihm und dem Tier, dann ist Schluss.

Die Methode funktioniert erstaunlich gut.

Mark Hühnermann

Kindergeburtstag: Wie viele Gäste?

Wie viele Gäste darf (oder soll) unser Kind zu seinem Geburtstag einladen?

Wir haben eine einfache, alltagstaugliche Regel entwickelt: pro Jahr ein Gast.

Zum zweiten Geburtstag dürfen also zwei Freunde kommen, zum siebten deren sieben. Das ist ein bisschen streng, klingt aber für Kinder völlig nachvollziehbar und erspart den Eltern aus dem Ruder laufende Feiern mit 15 Nachbarskindern, wobei das Geburtstagskind dann zu zehn davon eh keinen rechten Bezug hat.

Mama hält sich auch dran und bleibt zu ihrem 35. auch glatt unter der 35-Gäste-Marke …

Nina U.

Zieh das an!

Unsere Tochter (4) ist jetzt in dieser Phase, wo es ihr *ganz wichtig* ist, was sie anzieht. Vor allem an Tagen, wo sie in den Kindergarten geht. Das kann morgens zu langen Diskussionen führen, vor allem dann, wenn sie Klamotten anziehen will, die der Jahreszeit unangemessen sind. Oder krass albern aussehen.

Das hat schon häufiger dazu geführt, dass wir entweder zu spät aus dem Haus kamen oder die Kleine im Winter ein nur dünnes Kleidchen unter dem Mantel anhatte – bei Letzterem hatte ich auf eine pädagogische Wirkung gehofft, leider vergebens.

Mittlerweile gehen wir die Sache methodischer an: Alle jahreszeitlich unpassenden Klamotten sind aussortiert, das reduziert schon mal die Auswahl wesentlich. Zudem legen wir jetzt immer schon abends in einem Gespräch vor dem Schlafengehen fest, was am nächsten Morgen angezogen wird – das nimmt den Druck aus der Sache, als Mutter ist man ja immer erpressbar, wenn man etwas wirklich will, etwa den Bus zum Kindergarten nicht verpassen.

Stefanie Schmitz

PS:
Wir spielen manchmal »Modenschau«, um die kleine Diva in die Klamotten zu bekommen. Mit Fotos. Oder machen ein Wettanziehen mit gestoppter Bestzeit. *anonym*

Im Schlafanzug in den Kindergarten

Wenn mein Sohn – mitten in der Trotzphase – mal wieder etwas nicht will, gehe ich zuweilen lange Wege, um ihm die Folgen seiner Aktionen aufzuzeigen.

Das härteste Beispiel war der Morgen, als er den Schlafanzug nicht ausziehen wollte, obwohl wir schon spät dran waren für den Kindergarten. Ich habe ihm dann gesagt, es sei kein Problem, er könne dann eben im Schlafanzug in den Kindergarten. Und habe nachgelegt mit »Denk nur, was die anderen sagen werden, wenn sie dich so sehen«.

An der Haustür hat er dann aufgegeben und wollte doch schnell noch Jeans und T-Shirt anziehen.

anonym

Mittags schlafen

Da müssen wir alle ganz tapfer sein: Das Konzept Mittagsschlaf, diese willkommene Elternauszeit mitten im Tag, ist nicht für die Ewigkeit gemacht. Die meisten Kinder geben das irgendwann auf – oder reduzieren die Nachtschlafzeit so sehr, dass man sie tagsüber wach halten muss, damit man sie abends überhaupt noch zu einer angemessenen Zeit ins Bett bekommt.

Das heißt aber nicht, dass man die Ruhezeit nach dem Mittagessen aufgeben sollte. Als unsere Tochter (2) neulich partout keinen Mittagsschlaf machen wollte, obwohl sie augenscheinlich müde war, habe ich ihr erklärt, dass ich selbst müde sei. Und mich auf jeden Fall jetzt hinlege; sie könne ja selbst entscheiden, was sie in dieser Zeit tun wolle.

Ich habe mich dann auch hingelegt und auf ihre Ansprache nur mit stereotypen Worten reagiert: Ich bin müde, ich will schlafen, sei bitte ruhig. Sie war erst überrascht und dann schnell gelangweilt und wollte dann selbst freiwillig ins Bett.

anonym

Warum? Darum!

Wir versuchen, alle Entscheidungen für unsere Tochter zu begründen – und haben uns vorgenommen, die typischen Elternantworten »Darum«, »Das ist eben so« und »Weil ich das will« auf ein Minimum zu reduzieren. Das ist einigermaßen schwierig, zugegeben.

Jedes Mal, wenn ich »Darum« sagen will, versuche ich sozusagen »neben mich zu treten« und zu überlegen, warum ich das sagen will: Ist die richtige Erklärung zu komplex oder für das Kind nicht verständlich? Oder suche ich nur einen bequemen Ausweg, um eine Diskussion zu vermeiden? Meist komme ich mit ein bisschen gutem Willen und etwas Nachdenken auf eine bessere Antwort.

Manchmal geraten mein Sohn und ich dabei allerdings in anstrengende »Warum?«-Schleifen. Die unterbreche ich mit einem Trick und frage ernsthaft: »Was meinst denn du?« Dabei zeigt sich erstaunlich häufig, dass der Kleine die Gründe hinter elterlichen Verboten ganz gut rationalisieren kann.

Kai

Nur nicht »Gummibär« sagen

Unsere Tochter ist noch nicht mal zwei, versteht aber schon vieles. Das führt zu kleinen Problemen: Das Wort »Gummibärchen« etwa kann man in ihrer Gegenwart nicht mehr sagen, ohne einen starken Wunsch auszulösen. Ähnlich ist es mit »Baden«, das wird sofort mit »Baden, baden, ich will baden!« bejuchzt – und ehe man sichs versieht, ist das Kind halb ausgezogen auf dem Weg in die Wanne. Auch, wenn man sich vielleicht gerade für den Weg zur Krippe fertig machen wollte.

Wir haben uns daher auf eine Art Codesprache verlegt: Manche Dinge, die im Kontext klar werden, kürzen wir ab: »B« für »Bad« beispielsweise. Manche buchstabieren wir: »Hast du das G-E-S-C-H-E-N-K versteckt?« Bei wieder anderen greifen wir zu Fremdsprachen: »Ist die Grandmother schon unterwegs?«

Ist nicht die eleganteste Methode, funktioniert aber. Eine Zeit lang.

Gunnar Lott

Abschied nehmen

Meinem kleinen Sohn (4) fällt es manchmal noch recht schwer, sich von mir zu trennen, wenn er beispielsweise in den Kindergarten muss.

Es hilft ihm aber sehr, wenn ich ihm einen Kuss hinter jedem Ohr »verstecke«, an den er sich erinnern und auf den er »zurückgreifen« kann, wann immer er möchte. Von diesem kleinen Ritual sind alle möglichen Varianten denkbar: Auch ein Kuss auf einem Taschentuch (das er dann versteckt in der Hosentasche dabeihatte) hat schon geholfen.

Janine Finke

Ganze Sätze bilden

Wenn unsere Kleinste mal wieder zu bequem ist, ihre Wünsche in einen korrekten, vollständigen Satz zu packen, und mir einfach im Kasernenhofton eine kurze Anweisung entgegenschleudert, etwa »Milch!« oder »Keks!«, dann antworte ich mit einem assoziativ passenden Wort, entspreche aber nicht der Bitte.

Auf »Milch« kommt also beispielsweise »Kuh«, auf »Keks« folgt »Dose« oder so.

So lernt die Dame, ihr Ansinnen vernünftig zu formulieren, und das Spiel erweitert zudem ihren Wortschatz, schult das Abstraktionsvermögen – und ist auch noch lustig.

Katja Tampe

»Aua« als Waffe

Viele Kleinkinder merken irgendwann, dass Mama und Papa auf den Ruf »Aua« viel besser reagieren, als wenn man einfach nur »Kommt mal her und spielt mit mir« ruft.

Folglich ist dann in einer bestimmten Phase alles »Aua«: das Hochnehmen, das Runtersetzen, das Über-die-Straße-Schieben, das in den Wagen setzen etc. Das ist ein Kampf um Aufmerksamkeit.

Man kann darauf mit Ablehnung reagieren oder versuchen, das Verhalten durch Nichtbeachtung zu löschen. Ein hübscher Trick ist es, die Sache sozusagen ernst zu nehmen und dem Kind ein Pflaster irgendwohin zu kleben. Das lenkt das Verhalten in eine andere Richtung.

Gunnar Lott

Lesen lernen mit der TV-Zeitschrift

Unser Sohn (9) liest nicht gerne. Dafür schaut er gerne Fernsehen. Dass uns das nur so mittelrecht ist, dürfte jedem klar sein.

Wir haben daher eine einfache Regel eingeführt: Er darf eine, manchmal auch zwei Sendungen pro Tag gucken, aber nur, wenn er sie sich in der Fernsehzeitung selber aussucht und uns den Namen der Sendung vorliest. Das ist ein bisschen anstrengend für alle Beteiligten, führt aber dazu, dass er immerhin ein bisschen liest.

Ergänzend bieten wir ihm Comics an, zumeist über Donald Duck, die zumeist ziemlich vernünftige Texte haben, aber trotzdem nicht schwierig zu lesen sind.

Stefan

Angst im Dunkeln

Unser Sohn hatte ziemliche Angst vor der Dunkelheit. Wir haben Folgendes unternommen:

Er bekam am Abend eine starke Taschenlampe, wir löschten alle Lichter, nahmen ihn bei der Hand und baten ihn zu versuchen, seine Zahnbürste zu finden. Dann wurden im Taschenlampenschein die Zähne geputzt. Dann galt es, den Pyjama zu finden und anzuziehen. Dann wurde ein Buch ausgesucht und mit der Lampe gelesen.

Großer Spaß für alle Beteiligten.

Zum Schlafengehen musste dann die Taschenlampe ausgeschaltet werden, aber er durfte sie zur Sicherheit mit ins Bett nehmen.

Seither ist er lockerer.

Stephanie Hacker

Gemeinsam erziehen

Seit unsere Tochter so ungefähr zwei ist, versucht sie, uns gegeneinander auszuspielen. Sie fragt den Papa nach der Schokolade, die die Mama schon verboten hat, bringt »Aber die Mama hat gesagt …«-Argumente in Diskussionen mit der Oma ein und sucht generell den Weg des geringsten Widerstands.

Dagegen kann man nicht viel machen, nicht jedes Paar ist in Erziehungsfragen immer einig, auch wenn man sich immer wieder auf die Leitlinien verständigt. Was wir aber tun, ist, in allen halbwegs wichtigen Fragen dem Kind gegenüber gemeinsam aufzutreten und größere Verfehlungen gemeinsam anzusprechen.

So soll sie lernen, dass die Eltern eine Einheit sind, auch wenn im Alltag die Dinge mal durcheinanderlaufen.

anonym

Lernwörterkartei

Ein paar Tipps zu den ersten Schuljahren:

- Ich habe gemeinsam mit meiner Tochter eine Kartei gebastelt, wo wir auf bunten Kärtchen alle »Lernwörter« aufgeschrieben haben.
- Für schreibfaule Kinder empfehle ich lustige Bleistifte in bunten Farben mit Glitzer, Federn etc.
- Außerdem gehe ich mit meiner Tochter gerne in die Bücherei. Dort schmökern wir gemeinsam in Kinderbüchern und borgen uns auch Bücher aus. Den Kindern macht das Lesen viel mehr Spaß, wenn sie sich das Buch selbst aussuchen können.

Tanja Slatin

Die eigene Tasche

Ab zwei Jahren können Kinder gut ein bisschen Verantwortung übernehmen. Wir haben unserer Tochter ein Sortiment von Taschen geschenkt, von der Umhängetasche bis zum Rucksack – und jetzt darf sie vor jedem Spaziergang oder Ausflug selber entscheiden, was sie mitnimmt.

Wir packen nebenher natürlich noch die Wickeltasche, damit für Windeln und Wegzehrung gesorgt ist, aber wenn sie den Lolli oder die Glückspuppe oder das Büchlein daheim lässt, dann fehlt es eben unterwegs. Andersherum funktioniert es auch: Bürdet sie sich zu viel auf, weil sie den halben Hausrat mit zum Spielplatz nehmen will, ist das erst einmal ihr Problem.

Das Prozedere gibt ihr Kontrolle und das Bewusstsein, selber für das Gelingen bestimmter Dinge verantwortlich zu sein.

Marianne Fine

Monster im Schrank!

Okay, es gibt Monster im Schrank. Und unter dem Bett. Es ist besser, das zuzugeben. Natürlich zeigen wir unserem Sohn, dass der Schrank leer ist, natürlich leuchten wir mit der Taschenlampe unter das Bett und finden nichts Schreckliches, aber das beweist gar nichts – die Monster haben sich eben unsichtbar gemacht, versteckt oder kurzzeitig verzogen.

Wir heben daher mehr auf die Regeln ab, denen Monster natürlicherweise gehorchen müssen. Monster hassen zum Beispiel Lärm; wenn man laut »Geht weeeeeeg« schreit, ist schon viel gewonnen. Zudem fürchten sich Monster vor der Farbe Grün – an Kinder mit grünem Schlafanzug trauen sie sich nicht heran. Auch ein Kreis aus grünen Legosteinen oder ein grünes Licht wirken Wunder.

Und Bären – Bären sind quasi das sicherste Monster-Gegenmittel: Wo Teddybären sitzen, können Monster nicht entlangkriechen. Zwei, drei Bären (egal, welcher Größe) sichern ein mittelgroßes Kinderzimmer zuverlässig gegen Befall durch die meisten Monstersorten.

Uwe F.

Erst mal wegräumen

Wenn unsere Tochter ein neues Spiel beginnen will, muss das zuvor verwendete Spielzeug zuerst weggeräumt werden.

Das ist eine ziemlich simple Regel – und keinesfalls ein Geheimtipp –, aber sie bildet unsere vorderste Verteidigungslinie gegen das kindliche Chaos, das vom Kinderzimmer aus unsere Wohnung zu verschlingen droht.

Die Regel gilt auch fürs Lesen (erst mal das Buch zu Ende lesen, bevor sie sich ein neues holt) und, in milderer Form, auch fürs Essen.

K. Meyer

Der Polizei-Korb

In unserem Wohnzimmer steht ein leerer Korb, in einer Ecke, wo er nicht stört. Dieser Korb ist eine stumme Drohung. Es ist der Polizei-Korb, das heißt: Wir, die Vertreter der Eltern-Polizei, haben das Recht, dort am Abend jegliches Spielzeug hineinzutun, das außerhalb des Kinderzimmers ohne gültigen Ausweis angetroffen wird und seine Anwesenheit in Küche, Bad, Flur oder Wohnzimmer nicht zufriedenstellend erklären kann.

Diese einfache Regel erspart uns viel Stress und Streit.

V. S.

Zusammen aufräumen

Alle Kinder haben viel Spaß am Auskippen von Kisten, Umherwerfen von Bauklötzen, Ausbreiten des eigenen Spielzeugs. Unordnung ist das halbe Leben!

Deutlich weniger positiv besetzt ist das Einräumen und Zusammensammeln des ganzen Zeugs. Daher muss man das Aufräumen mit einem festen Ritual verbinden. Vor allem abends, wenn man *wirklich* möchte, dass langsam wieder Ordnung einkehrt.

Grundsätzlich sollte man mit kleinen Kindern gemeinsam aufräumen und aus der Angelegenheit ein kleines Spiel machen (Papa räumt alle roten Spielsachen ein, Luca alle blauen etc.). Wer ganz ehrgeizig ist, macht daraus einen Wettbewerb mit tickender Uhr, aber das ist vielleicht ein bisschen Overkill.

Eine kleine, vorher fest versprochene Belohnung als Abschluss kann manchmal auch Wunder wirken. Es darf natürlich keine Süßigkeit sein – besser ist das gemeinsame Singen eines Lieblingsliedes oder etwas in dieser Art.

Paule

Schuhstreit

Unsere Zwillinge haben einen ähnlichen Geschmack in Sachen Fußbekleidung, was eine Zeit lang allmorgendlich zu einem Streit um die Schuhe geführt hat.

Nun haben wir uns darauf verlegt, beim einen blaue und beim anderen orange Schnürsenkel einzuziehen, das hat die ganze Angelegenheit ein bisschen klarer gemacht. Überdies helfen extravagante Schnürsenkelfarben den Kindern, im Kindergarten ihre Schuhe wiederzufinden.

Stefanie

Schreiben lernen

Als unser Kleiner zu Beginn der Schulzeit das Schreiben gelernt hat, haben wir in der ersten Phase kleine bunte Zettel auf Alltagsgegenstände geklebt, auf denen in sorgfältiger Schreibschrift der Name des Objekts stand.

Das hat ihm ganz gut geholfen, das geschriebene Wort und den dazugehörigen Gegenstand zu verbinden.

Sebastian F.

Die Aufräum-Eisenbahn

Auch unsere Kleine liebt es, ständig einen großen Teil ihrer Spielsachen gleichmäßig über die Wohnung zu verteilen. Wenn es mir zwischendurch in der Wohnung zu chaotisch wird und außerdem der Nachmittag ein bisschen langweilig ist, nutze ich die Gelegenheit, Spiel und Aufräumen miteinander zu verbinden.

Ich setze sie auf ein großes Handtuch, mit dem ich sie durch die Wohnung ziehe, und singe dabei das Lied »Tschu, tschu, tschu die Eisenbahn, wer will mit in den Urlaub fahren? Alleine fahren mag ich nicht, da nehm ich mir die XXX mit«. Statt XXX würde man in der richtigen Fassung des Liedes Personen einsetzen (die Oma, den Lukas etc.), wir setzen die Namen der herumliegenden Spielsachen ein: »… nehm ich mir den Teddy mit …« Die Sachen kommen bei der Nennung mit aufs Handtuch. Zum Abschluss geht es ins Kinderzimmer: »Alles aussteigen!« Jetzt noch rasch die Fahrgäste wegpacken, fertig.

Macht der Kleinen großen Spaß. Parkett oder ein anderer glatter Bodenbelag ist dabei natürlich von Vorteil.

Petra

Die Aufräum-Fee

Meine Kinder spielen am liebsten auf dem Boden des Kinderzimmers. Leider konnten wir uns nie mit der Regel durchsetzen, dass man das Alte wegräumen muss, bevor man etwas Neues zu spielen anfängt.

Daher habe ich die »Aufräum-Fee« erfunden. Die Fee kommt nachts und nimmt alle offen herumliegenden Spielsachen mit. Aber die Fee macht das nicht aus Bosheit – sie holt die Sachen, um sie Kindern zu schenken, die kein Spielzeug haben.

Seither wird akribisch aufgeräumt.

Das Charmante an der Sache ist, dass man vor der Fee keine Angst haben muss, weil die ja nicht böse, sondern im Grunde lieb ist. Und wir Eltern haben mit der ganzen Problematik gaaaaar nichts zu tun …

Das Schlechte daran ist, dass man es wenigstens ein paar Mal wirklich durchziehen muss, wenn es nicht gleich klappt.

Ula

Nicht zu früh aufräumen

Viele Mütter (und natürlich auch Väter) neigen dazu, hinter Kleinkindern herzuräumen – in einer Art Daueraktivität. Das Kind lässt das Spielzeug nach ein paar Minuten liegen und nimmt sich das nächste? Schwupps, schon hat es die Mama in die Kiste geworfen.

Das hat mehrere Nachteile:

Zum einen nimmt man dem Kind die Chance, selber – vielleicht am Ende eines Nachmittags oder so – aufzuräumen. Zum anderen macht man sich natürlich das Leben schwer, weil das Kind unfehlbar ein paar Minuten später die frisch aufgeräumten Bauklötze doch nochmal bespielen will und sie wieder ausschüttet.

Bei uns funktioniert es am besten, wenn wir am Ende gemeinsam aufräumen.

Karin S.

Aus der Schule plaudern

Mein Sohn (8) hat in aller Regel überhaupt keine Lust, von seinen Erlebnissen in der Schule zu erzählen. Ich aber bin natürlich einerseits schlicht neugierig und möchte andererseits auch einfach wissen, ob er gut klarkommt.

Aber normale Nachfragen à la »Wie ist es dir ergangen?« oder »Wie war es in der Schule?« bringen gar nichts, allenfalls ein maulfaul gemurmeltes »gut«. Auch Fragen nach positiven Erlebnissen, interessanten Begebenheiten oder konkret benannten Freunden helfen nicht.

Aber erstaunlicherweise gibt es eine Frage, die fast immer funktioniert: »Was war das Blödeste, was dir heute passiert ist?« Negative Ereignisse scheinen ein größeres Mitteilungsbedürfnis auszulösen – da erzählt er dann durchaus von doofen Lehrerfragen und Schulhofrangeleien.

Ich weiß nicht, ob das bei anderen Jungs auch so ist, jedenfalls funktioniert es bei uns.

Anna

Die kaputte Schallplatte

Grundsätzlich ist es schön, Kindern alle Entscheidungen zu erklären. Wenig produktiv wird es allerdings, wenn es um Standards des Alltags geht – kleine Kinder testen da gerne die Grenzen aus, und wenn man nicht dagegenhält, geht viel von der Ordnung des Tages verloren.

Ein Beispiel: Wenn unser Sohn mal wieder versucht, das Schlafengehen zu verzögern, indem er immer wieder noch ein Wasser, noch ein Buch oder noch eine Runde Kuscheln verlangt, lege ich meine »kaputte Schallplatte« auf und antworte stereotyp, dass jetzt Schlafenszeit sei, er ins Bett müsse und wir mit dem Tagesprogramm durch seien.

Das hat ihn eine Zeit lang sehr genervt, jetzt erspart es uns die Show und macht weniger Tamtam.

Diese Methode funktioniert übrigens nur, wenn sie von beiden Eltern konsequent angewandt wird.

Britta Wells-Müller

Umgedrehte Geschichte

Meine Tochter besucht die zweite Klasse der Volksschule. Um das Lesenlernen zu unterstützen, haben wir vereinbart, dass *sie mir* die allabendliche Gutenachtgeschichte vorliest, nicht umgekehrt. Es dauert zwar noch recht lange, aber ihr macht es totalen Spaß.

Und es hat den positiven Nebeneffekt, dass sie immer besser, flüssiger und schneller liest. Für jedes ausgelesene Buch gibt's einen Smiley, und bei fünf Smileys darf sie sich ein neues Buch aussuchen und kaufen.

Manuela Riedl

PS:
Wir machen's so ähnlich: eine Seite liest meine Tochter, eine Seite ich. Immer abwechselnd. Das halten wir so, seit sie zur Schule geht. *Kati Fritzenwanker*

Wegschnappen

Ganz praktischer Mini-Trick, der allerdings nicht allzu oft hintereinander funktioniert: Wenn das Kind überraschend etwas geschnappt hat, was es nicht haben soll, greift man beherzt zu, nimmt sich den Gegenstand und bedankt sich überschwänglich. So, als habe das Kind einem das Ding mit Absicht gegeben.

Im Gefühlswettstreit zwischen Ärger, weil man was verloren hat, und Freude, weil man gelobt worden ist, siegt zuweilen die Verwirrung, und man vermeidet ein bisschen Schreierei.

anonym

Auch mal ohne Geschwister

Wenn man mehrere Kinder hat, ist es oft nicht leicht, jedem zu einer angemessenen Dosis Zeit mit den Eltern zu verhelfen, dem also, was man neudeutsch gerne »quality time« nennt.

Wir lösen das, indem wir quasi »Verabredungen« mit den Kindern treffen, das sind regelmäßige spezielle Stunden am frühen Abend, wo immer eine(r) von uns (oder, wenn's geht, auch beide) mit einem der Kinder in Ruhe Zeit verbringt. Wobei sich das Kind aussuchen darf, was gespielt wird.

Unsere Kinder lieben das, es ist eben manchmal ganz entlastend, wenn die Geschwister nicht dabei sind.

Karsten Urban

Richtig teilen

Richtig teilen unter Geschwistern will gelernt sein: Ein »Der hat aber viel mehr Schokoladenpudding als Nachtisch bekommen!« kann Anlass für einen richtigen Geschwisterkampf werden, der den restlichen Tag versaut.

Einfache Regel zum (Ver-)Teilen: Der eine teilt, der andere darf aussuchen, beim nächsten Mal wird getauscht.

Man wird verblüfft sein, mit welcher Akribie plötzlich selbst Kleinstkinder in der Lage sind, mikrometergenau zu arbeiten. Beschweren kann sich keiner, weil man ja entweder eigenverantwortlich geteilt hat oder eigenverantwortlich ausgesucht hat.

Und selbst wenn es eine kurzfristige Schnute gibt – beim nächsten Mal darf man ja das andere machen.

Bea

Gefährliche Vorfreude

Wenn man den Tag, das Wochenende oder die Woche plant, will man gerne das Kind einbeziehen – und erzählt dann in der Regel schon mal von dem, was noch kommt. Das ist grundsätzlich ja sinnvoll, wirft aber – insbesondere bei schönen Dingen – Probleme auf: Wenn man erzählt, nachher ginge es spazieren und dann träfe man die Pferde auf der Weide, hat man dem Kind eine unnötige Enttäuschung bereitet, wenn die Pferde zufällig gerade nicht draußen sind. Ähnliches gilt für den Keks, den es bei Tante Inge bestimmt gibt, oder das Schwimmengehen, das dann wegen Regen ausfällt.

Wir versuchen eher, uns in dieser Hinsicht zu bremsen und nicht unnötig Vorfreude zu schüren, wenn der Ausgang der Sache noch ein bisschen ungewiss ist.

Gunnar Lott

PS:
Grundsätzlich ist es aber auch wichtig, Frust aushalten zu lernen. Ganz gut ist es, sich von vornherein nicht so festzulegen und etwa zu sagen: »Wir gehen schwimmen, wenn das Wetter schön bleibt.« Oder: »Ich glaube, die Pferde sind draußen, wollen wir nachschauen?« Das ist für Eltern auch ein Lernprozess. Flexibles Handeln will auch gelernt sein. *Susi Herz*

Um die Wette!

Wir wohnen im vierten Stock, es gibt keinen Aufzug im Haus. Also muss unsere Dreijährige die Treppe nach dem Kindergarten zu Fuß hochgehen – das aber dauert ewig. Die Dame einfach hochzuschleppen ist auch keine Alternative, also haben wir aus der Angelegenheit einen kleinen Wettbewerb gemacht:

Wir stellen uns unten auf den Treppenabsatz, rufen gemeinsam »Auf die Plätze! Fertig! Los!« – und zack!, spurtet die kleine Maus ratzfatz nach oben. Irgendwie gewinnt sie auch immer …

Das Spiel hat sich so bewährt, dass wir jetzt auch um die Wette Jacken und Schuhe ausziehen. Auch andere Aktionen wie Händewaschen lassen sich so viel leichter einleiten. Das mag nicht ewig so bleiben, aber wir genießen es, solange es funktioniert – derzeit schon über drei Monate.

Sibylle

Der erste Schultag

Wir alle haben es vermutlich schon wieder vergessen, aber der erste Schultag ist für die meisten Kinder einigermaßen gruselig.

Wir haben den Tag lange vorbereitet, uns die Schule aus der Nähe angeguckt, ausführlich besprochen, welche Klamotten angezogen werden, welche bekannten Kinder zu erwarten sind, wie die Lehrer aussehen etc.

Zusätzlich gab es in der Pausenbrotbox eine kleine Zeichnung von der Mama als »Ich denke an dich«-Erinnerung und eine kleine Figur als Überraschungsgeschenk.

Tina R.

Das Spielzeug-Gefängnis

Wir haben zwei Kinder in relativ geringem Abstand, dreieinhalb und fünf Jahre alt. Da es sich zudem um zwei Mädchen handelt, haben sie annähernd den gleichen Spielzeuggeschmack. Was häufiger mal zu Streitereien führen kann.

Wir sind dazu übergegangen, kleinere Spielzeuge doppelt zu kaufen, in – und das ist der Clou dabei – der gleichen Farbe. So ist im Ernstfall nicht zu klären, wessen Plüschäffchen gerade verschwunden ist und wessen auf dem Sofa liegt. In der Regel verschwimmt dadurch die leidige Frage, wem was gehört, ein bisschen.

Wenn's doch mal Krieg um ein Spielzeug gibt, nehme ich das Spielzeug und erkläre, dass es wegen seines bösen Verhaltens (immerhin hat es ja Streit verursacht!) jetzt in das Gefängnis muss. Das beeindruckt die Damen sehr.

Wir haben dafür eine vergitterte Kiste oben auf dem Schrank, aber eine Schublade täte es sicher auch …

Anna

Schnuller-Entwöhnung I

Grundsätzlich: Wenn man den Schnuller abschaffen will (spätestens irgendwann im dritten Lebensjahr), ist ein Ritual gut, idealerweise zu einem festen Termin wie Neujahr oder Geburtstag.

Beim Ritual wird der Schnuller feierlich verabschiedet, weggeworfen oder zerstört – und ist dann weg, richtig weg. Die Sache muss man natürlich von langer Hand vorbereiten, damit sie nicht zu abrupt kommt. Und das wichtigste Argument ist: »Du bist ja jetzt schon groß und brauchst keinen Schnuller mehr.«

Gunnar Lott

Schnuller-Entwöhnung II

Gesammelte Schnuller-Entwöhnungstricks:

- Bei einem Spielzeugladen mit dem Personal absprechen, dass das Kind sich dort im Kleinigkeitenregal Sachen aussuchen darf, die dann mit Schnullern »bezahlt« werden. Vielleicht zu einem vorher festgelegten Kurs. *Markus P.*
- Unser Schnuller ist auf Urlaub geflogen. Dann kam die Schnuller-Punktekarte zum Einsatz, das ist eine selbst gebastelte Karte mit sieben freien Feldern. Für jeden Tag ohne Schnulli gab es einen bunten Punkt auf eines der Felder, und am Ende der Woche durfte sich das Kind eine Kleinigkeit wünschen. *Sabine F.*
- Unser Sohn hat seine Schnuller eines Abends auf die Fensterbank gelegt, damit sie der Schnuller-Engel holen und den kleinen Babys bringen kann, die sie dringender brauchen als er. Der Engel hat eine kleine Belohnung dagelassen, und nach den Schnullern wurde nie mehr gefragt. *Silvia*
- Ich habe mit meinem Sohn kurz vor seinem dritten Geburtstag sämtliche Schnuller in ein großes Kuvert gesteckt und an das Christkind (der Osterhase zählt sicher auch …) geschickt. Zu meiner großen Überraschung gab es an dem Wochenende kein Geheule – er ist wie immer ins Bett und am nächsten Tag ganz stolz aufgestanden und meinte, er hätte ganz toll ohne Schnuller geschlafen. Montag hat er in der Krippe jedem erzählt, dass er jetzt keinen Schnuller mehr braucht. *Jasmin*

Daumen raus!

Manche Kinder lutschen gern am Daumen, was in der Babyzeit grundsätzlich kein Problem ist. Irgendwann (am besten vor dem dritten Geburtstag und vor allem vor dem Kindergarten) sollte man das Kind aber entwöhnen, weil das Lutschen über Jahre hinweg den Kiefer verformt und später zu hohen Zahnarztrechnungen und der scheußlichen Zahnspange führt.

Unser Trick war, unserem Sohn bunte Pflaster mit Cartoon-Figuren drauf zu kaufen und auf die Daumen zu kleben. Dann haben wir uns noch ein kleines Spiel ausgedacht, bei dem die Figuren Sprechrollen hatten, und schon war die Schwelle zu lutschen für den Kleinen wesentlich erhöht. Die Methode hat nicht sofort zum Erfolg geführt, war aber der erste (und bedeutendste) Schritt in die richtige Richtung.

Stefanie Brand

PS:
Wir sind radikal vorgegangen: Daumen mit Paprikasoße einschmieren, Soße abwischen, nächstes Mal erlebt der Sohnemann eine unangenehme Überraschung. Natürlich hatten wir ein Glas Milch parat. *Stephanie Hacker*

Keine Angst vor Alltagsgefahren

Ich kenne Eltern, die haben die komplette Wohnung kindersicher gemacht, die halten ständig die Hand zwischen den Kopf des spielenden Kindes und die nächste Kante, die laufen mit ausgestreckten Armen hinterher, wenn das Kind auf den Roller steigt.

Das ist ein verständliches Verhalten, aber ich möchte eine Gegenposition beziehen: Wer seinem Kind die kleinen Gefahren des Alltags gut erklärt und ihm ansonsten seine eigenen Erfahrungen ermöglicht, tut ihm den größeren Gefallen.

Wir haben außer den Spülmitteln und den Steckdosen nie etwas gesichert und auch nichts umgebaut – wir haben unsere Tochter immer begleitet und aufgefangen, aber nie allzu sehr in ihrem Bewegungsdrang gebremst. Die Folge: Sie hat eine gute Körperbeherrschung, traut sich was und heult nicht gleich, wenn sie mal hinfällt.

anonym

Fremde Hunde

Wer dem eigenen Kind Sicherheit im Umgang mit Tieren vermitteln will, muss das richtige Verhalten selber vorleben:

Wir fragen also erstens den Hundebesitzer, ob das Tier bissig oder streichelzahm ist. Und halten zweitens dem Tier die Hand zum Beschnuppern hin. Und streicheln drittens nicht am Schwanz oder im Gesicht. Wenn das Kind diese Regeln beherzigt, ist schon viel gewonnen.

Außerdem sollte man Laufspiele unterbrechen, wenn sich ein Hund nähert, und direkten Blickkontakt mit dem Tier vermeiden.

anonym

Richtig loben

Das Lob ist eine starke Waffe. Viele Eltern loben ihre Kinder für alle möglichen Selbstverständlichkeiten und erziehen sie damit zu einer übertriebenen Erwartungshaltung, die später (im Kindergarten oder Schule) möglicherweise enttäuscht werden wird.

Wir versuchen im Alltag, »Vorführungen« des Kindes, also Aktionen, mit denen es nur vor uns Erwachsenen glänzen will, gar nicht besonders zu loben. Ebenso wenig gibt es überschwängliches Lob für ausgeführte Routinehandlungen wie Aufessen, Anziehen oder Aufräumen.

Lob gibt es bei uns eher für Dinge, die unsere Kinder Überwindung kosten, das Verleihen eines geliebten Spielzeugs etwa. Oder die freundliche Aufnahme eines fremden Kindes. Oder das geduldige Warten in der endlosen Schlange beim Bäcker.

anonym

Das Projekt Aufräumen

Bei unserem Kleinen sind wir das Thema Aufräumen zu Beginn sehr spielerisch angegangen.

- Autos: in die Garage (eine Kiste mit aufgemalten »Parkplätzen« auf dem Boden).
- Puppen: ins Schlafzimmer (eine Kiste mit Schlafplätzen auf dem Boden) und gut zudecken.
- Tiere: in den Zoo (Kiste mit außen aufgemalten Gitterstäben).
- Klötze und Krusch: nach Farben geordnet in farbige Eimer.

Und so weiter, es gibt natürlich viele Möglichkeiten, eine für das Kind nachvollziehbare Ordnung vorzugeben. Eine hübsche Alternative wäre es etwa, Kisten mit selbst gemachten Fotos vom eigenen Spielzeug zu bekleben.

Marlies Schmidt

PS:
Wir machen abends immer die Aufräum-Rallye, das sind zehn anstrengende Minuten, in denen wir, begleitet von lustiger Musik, alle durch die Wohnung rennen und Sachen einsammeln, die irgendwo liegen, wo sie nicht zu liegen haben. *Stefan Meyer*

Spardosenpolitik

Unser Sohn hat's schwer mit seinen Vorbildern in Sachen Geldausgeben: Der Vater ist ein arger Verschwender, seine Mutter ein bisschen knickriger als nötig.

Wie alle Eltern wollen wir aber natürlich, dass unser Nachwuchs alles besser macht als wir und den gesunden Mittelweg findet, den wir irgendwie verpasst haben.

Unsere Methode: Es gibt drei Spardosen, eine offene für Ausgebegeld, eine fürs Sparen und eine für wohltätige Zwecke, Geschenke und derlei. Jedes Mal, wenn es Geld gibt, müssen alle drei Dosen bedacht werden, wobei unser Sohn frei entscheiden kann, wie viel in welche Dose kommt. Will er in Dose 1 fast alles und in die Dosen 2 und 3 nur Mindestbeträge tun, so ist das auch okay. Hauptsache, er macht sich ein bisschen Gedanken über das Thema.

Die Sache klappt ganz gut – die dritte Dose kann man natürlich auch weglassen, wenn man dem Kind da nichts Ideologisches zumuten mag.

anonym

Kämpfe auch mal ausfechten

Es ist nicht immer leicht und manchmal geht es auch einfach nicht, aber ich habe, wenn mir ein Verhalten meines Sohnes besonders auf den Keks ging, immer versucht, den Kampf bis zum Ende auszutragen, um ein Exempel für weitere Probleme zu statuieren.

Also: Der Kleine nervt kolossal beim Autofahren, weint, will sich aus dem Kindersitz winden. Ich halte an, gebe bekannt, dass ich so nicht fahren könne und jetzt warten würde, bis er sich beruhigt habe.

Oder: Er trödelt auf dem Nachhauseweg, bleibt immer wieder stehen. Ich setze mich auf den Bürgersteig, hole ein Buch raus, fange an zu lesen und sage, dass wir dann eben hierbleiben müssen.

Oder: Er stresst, als wir Bekannte besuchen, nimmt dem dortigen Kind die Spielsachen weg – wir brechen den Besuch ab und gehen heim.

Das ist kein Allheilmittel, und natürlich nervt es mich auch, einen Besuch nach zehn Minuten abzubrechen, aber die Lehre für meinen Sohn hat ihren Wert.

anonym

Schuhe kaufen

Wenn man mit einem sehr kleinen Kind das erste oder zweite Mal Schuhe kaufen geht, kann es passieren, dass das Kleine von dem neuen Gefühl an den Füßen ausgesprochen überwältigt oder irritiert ist. Und wie angewurzelt stehenbleibt, obwohl man doch die potenzielle Neuerwerbung in Bewegung sehen möchte.

Unser Trick dafür: Wir nehmen einen Ball mit und beginnen (sobald die Schuhe angezogen sind) ein kleines Spiel. Unsere Kleine ist so gestrickt, dass sie dem Ball auf jeden Fall hinterherläuft – was uns ermöglicht, die Schuhe mal »in Aktion« zu sehen.

Sandra Lott

Selbstbewusstsein fördern

Eltern machen sich berechtigt Sorgen, wenn das Kind wenig Selbstbewusstsein hat. Um das zu beheben, gibt es kein Patentrezept.

Allerdings sind vielleicht die folgenden Punkte aus unserer Erfahrung hilfreich:

- Loben ist nicht immer hilfreich – und sogar kontraproduktiv, wenn es übertrieben ist.
- Kritik sollte sehr dosiert eingesetzt werden und niemals die Person, sondern immer die Sache (beziehungsweise den gemachten Fehler) betreffen.
- Wer dem Kind beherrschbare Aufgaben überträgt (und es dann auch machen lässt), stärkt es.
- Körperlich anspruchsvolle Sportarten können das Selbstbewusstsein enorm fördern, wenn das Kind sich »durchbeißt«: Karate, Freeclimbing oder Voltigieren bringen Selbstbewusstsein, weil eine seltene Fähigkeit erworben wird, die auszuführen andere Menschen beeindruckt.

anonym

Das Ikea-Prinzip

Wer kennt das nicht, das Kind hat oder möchte etwas, was es nicht haben soll. Handy, Messer, Klobürste etc.

In solchen Situationen funktioniert bei meinem Sohn Ferdinand super das »Ikea-Prinzip«, frei nach dem Motto: »Gefällt dir die gelbe Tasche, dann nimm die blaue.« Das heißt: Er will das Messer, ich gebe ihm den Löffel. Oder eben die Fernbedienung statt des Handys und die Haarbürste statt der Klobürste.

So hat er doch etwas Neues zum Spielen und ist zufrieden. Und ich musste ihm nicht nur einfach etwas wegnehmen oder vorenthalten, sondern hatte etwas anzubieten.

Felicitas Schick

Die Schnecke schläft

Eltern sind oft in Eile; Kinder entdecken in der Welt Wunder auf Wunder und wollen sie betrachten. Unsere Tochter ist fasziniert von kleinen Tieren und würde, auf dem Weg zum Einkaufen oder zur Tagesmutter, minutenlang stehen bleiben, wenn sie eine kleine Spinne an der Hauswand, eine Schnecke im Gras oder einen Käfer entdeckt hat.

Mit Autorität ist ihr da nicht beizukommen, also versuchen wir es mit Logik: Wir behandeln das Objekt, sagen wir, es sei eine Schnecke, wie ein anderes Kind, sprechen vernünftig mit ihr und geben dann sehr bald bekannt, dass die Schnecke nunmehr müde sei und schlafen müsse. Oder nach Hause gehen wolle. Oder sonst was, was das Kind aus der eigenen Lebenswelt kennt.

Natürlich winken wir auch noch zum Abschied.

Gunnar Lott

Spielzeug in den Keller

Als unsere Kinder alt genug waren, fünf ungefähr, haben wir die Eins-für-eins-Regel eingeführt: Für jedes neue Spielzeug, das angeschafft wird, wandert ein altes in den Keller.

So vermeiden wir den Spielzeug-Overkill im Kinderzimmer und bringen den Kleinen bei, dass nicht immer alles im Überfluss vorhanden sein muss. Die Beschränkung hat ja auch den Vorteil, dass die ausgewählten Sachen dann intensiver genutzt werden.

Michael Mier

Die Region da unten

Jungs, aber auch Mädchen fassen sich zuweilen gerne in den Schambereich. Wir wollten unseren Kindern im Sinne einer modernen Erziehung das Erforschen des eigenen Körpers nicht vollends verbieten, möchten aber auch nicht ständig sehen, dass man sich in der Hose herumfummelt.

Wir haben den Kleinen daher erklärt, dass die Schamregion etwas Privates sei, was man sich anschaut, wenn man allein ist. Und logischerweise muss man sofort auf sein Zimmer, wenn man etwas Privates in der Öffentlichkeit tut.

anonym

SPIELZEUG IM KAMPFEINSATZ:

Spielen, Toben und sonstige Aktivitäten

Tricks mit Wandfarbe

Fast alle werdenden Eltern haben große Freude daran, das zukünftige Kinderzimmer einzurichten. Fast alle streichen den Raum in bunten Farben. Was aber kaum jemand weiß: Man kann mit Wandfarbe mehr erreichen, als nur die Wände einzufärben.

Beispielsweise haben wir die Wände der Küche bis zur Höhe von 1,50 Metern mit abwaschbarer Farbe überstrichen – und sind jetzt ein bisschen gelassener, was fliegenden Möhrenbrei oder das Schwenken von Wachsmalstiften angeht.

Im Kinderzimmer ist der untere Bereich mit Tafellack gestrichen, kann also mit Kreide nach Herzenslust bemalt und wieder abgewaschen werden. Im Bereich darüber haben wir einen Streifen einer Farbe, die Metallpartikel enthält – dort kann man Magnete anheften und somit schnell selbst gemalter Bilder oder Fotos aufhängen, ohne die Wand mit Heftzwecken zu beschädigen. Die »Magnetfarbe« ist grau (und somit nicht besonders hübsch), kann aber ihrerseits bunt übergestrichen werden.

Sandra Lott

Papas PC

Bei uns liegt im Arbeitszimmer eine alte, abgestöpselte Computertastatur. Dass wir das nicht allzu dekorative Stück an leicht zugänglicher Stelle aufheben, hat einen Grund: Wenn sich einer von uns mal an den Rechner setzt, möchte die Kleine natürlich mitmachen beim Tippen – das sieht ja auch spannend aus.

Aber wenn so ein Kind zwischendurch ausdauernd auf *Space* hämmert, wird keine Mail fertig. Also nehmen wir uns die richtige Tastatur, setzen das Kind ans »falsche« Keyboard und sagen, so, jetzt tippen wir gemeinsam.

Dann kann's losgehen.

Hilko Drude

Das Smartphone retten!

Mein 16 Monate alter Sohn ist immer wahnsinnig scharf auf mein Smartphone, das ebenfalls nicht ganz billige Handy meiner Frau oder das Mobilteil unseres Festnetztelefons. Es ihm abzunehmen ist immer mit einem Kampf und manchmal mit Tränen verbunden.

Meine Frau hat jetzt bei unserem Telefonanbieter im Ladengeschäft ein schickes Klapphandy (Attrappe) auf freundliche Nachfrage gratis bekommen, da diese dort weggeworfen werden, wenn ein Handymodell nicht mehr zum Verkauf steht. Es sieht täuschend echt aus, und mein Sohn hat es ins Herz geschlossen – und telefoniert schon fleißig. Jetzt ist alles wesentlich weniger tränenreich, denn ich kann bei ihm immer mein Smartphone gegen ein »echtes Handy« eintauschen.

Daniel Frick

Rollentausch

Ein tolles Spiel, um genervte Kinder abzulenken (etwa in Wartesituationen), ist der Rollentausch. Wenn plötzlich der Sohn der Papa ist und der Vater Hilflosigkeit mimt, gefüttert und mit Spielzeug bespaßt werden will, entsteht schnell eine Dynamik, welche fast alle Kinder eine ganze Weile zu fesseln vermag.

Marlies W.

Das eigene Fotoalbum

Zu den absoluten Lieblingsbüchern meines zweijährigen Sohnes gehören die, die er selber mitgestaltet hat: die Fotobücher.

Wir haben einen Stapel simple DIN-A5-Einsteckalben gekauft und füllen sie regelmäßig mit aktuellen Fotos. Die Bilder ordnen wir so zu, dass sie jeweils eine kleine Geschichte ergeben, die wir uns gemeinsam erzählen können: der Zoobesuch, die Reise zur Oma, der Geburtstag etc.

Das ist eine nette Sache, kostet nicht viel und hilft dem Kind, sich an schöne Ereignisse und liebe Menschen zu erinnern.

Peter Müller

Aktivitäten kombinieren

Manchmal ist es ganz hilfreich, nervige Aktivitäten mit lustigen zu kombinieren.

Drei Beispiele:

- Das Aufräumen geht beispielsweise mit gemeinsamem Gesang leichter von der Hand.
- Die erlaubte Dosis Fernsehen kann auch vom Töpfchen aus genommen werden.
- Beim Haarewaschen kann eine aufregende Geschichte erzählt werden.

Melanie Schulz

Einkaufen ohne Stress

Irgendwann kommt, viel zu früh, der Zeitpunkt, wo man mit den Kindern im Supermarkt einkaufen gehen muss. Das kann nett und lustig sein, ist aber oft ein Problem, weil die Läden natürlich mit allen Tricks gegen einen arbeiten.

Wir machen daraus eine Art Spiel: Unser älterer Sohn (8) bekommt einen Taschenrechner und muss mitrechnen, damit wir das Budget einhalten. Damit ist er super beschäftigt. Der jüngere ist drei und schwerer abzulenken. Wir geben ihm meist einen Farbstift oder Marker, dann kann er helfen, die Einkaufsliste abzustreichen.

Manchmal spielen wir auch »Farben suchen« oder »Ich sehe was, was du nicht siehst«.

Marita Klein

Unterwegs mit dem Auto

Reisen, insbesondere solche mit dem Auto, bei denen lange stillgesessen werden muss, sind für viele Kinder ziemlich anstrengend. Ein bisschen Planung macht die Sache leichter, hier folgen ein paar generelle Tipps:

Vor der Reise: Über die Reise reden und Vorfreude auf das Ziel wecken. Pausen planen (liegen Spielplätze oder Parks an der Strecke?). Unterhaltung einpacken: Mitsing-CDs, Hörbücher, Spielzeuge. Notfall-Snacks einpacken. Kinder so anziehen, dass Schichten leicht an- oder ausgezogen werden können. Kuscheldecke einpacken. Sich ein neues Spiel ausdenken, das man nur unterwegs spielen kann (Autoschilder raten etc.). Es ist vielleicht ein bisschen viel, aber man kann auch das Auto zu einem Spielzimmer aufrüsten: Spiegel an der Nackenstütze, Spielzeuge am Himmel aufgehängt, lustige Bilder (oder Fotos) an die Scheibe geklebt.

Unterwegs: Möglichst versuchen, normale Essens- und Schlafzeiten einzuhalten. Nicht alle Spielzeuge auf einmal auspacken, sondern Extras in Reserve halten. Es ist nett, bekannte Geschichten zu erzählen und darin die Leute vorkommen zu lassen, zu denen man fährt. Wenn man das Gefühl hat, dass dem Kind schlecht werden könnte: lieber trockene Cracker oder Kekse als Früchte geben. Das Kind anhalten, lieber aus dem Fenster zu gucken als auf Spielzeug oder ein Buch in seinen Händen. Vorsichtig fahren, Fenster öffnen.

Stephan Beck

Der kleine rote Fisch

Ich lese gerne, wie alle Großväter, meinem Enkelkind vor. Natürlich liest man aber nie genau wie Papa oder Mama – jedes Buch gestaltet ja jeder Vorleser anders aus, jedenfalls im Kleinkindalter. Ich verlege mich daher gleich von vornherein darauf, die Erwartungshaltung zu durchbrechen: Wenn da, sagen wir, der »kleine weiße Fisch« auftritt, lese ich schon mal »Und der kleine rote Fisch hat seine Mami verloren« vor.

Das gibt der Kleinen Gelegenheit, mich zu korrigieren und mir das Buch »zu erklären«.

Die Methode macht die ganze Sitzung lebendiger und interaktiver.

Karl-Heinz Hasemann

Und nochmal!

Es mag uns nerven, aber Kinder fordern nicht umsonst immer wieder dieselbe Geschichte beim Vorlesen: Wiederholungen helfen ihnen, die Welt als beherrschbar zu erleben. Wiederholungen schaffen Sicherheit, vermitteln Ordnung und Geborgenheit.

Außerdem entsteht Stolz, wenn sie die Geschichten nach mehrmaligem Lesen quasi auswendig können.

Also: Immer wieder textgetreu vorlesen, egal ob man selber Hirnblutungen bekommt und sich nach einem alternativen Ende sehnt. Wenn man's spannender machen will, kann man mit Lücken vorlesen und das Kind das fehlende Wort selber einfüllen lassen.

Dr. Stefanie M.

PS:
Wir kennen die Lieblingsgeschichten natürlich auswendig und können sie auch ohne Buch erzählen. Das ist manchmal ganz praktisch, etwa in stressigen Situationen unterwegs. Da gehen wir gemeinsam einfach die Geschichte durch und gewinnen ein paar ruhige Minuten. *Toni*

Die Regenkiste

Wir haben eine Regenkiste. Das ist eine alte Zigarrenschachtel, die in einem Regal auf ihren Einsatz an regnerischen Tagen wartet.

In der Kiste liegt ein Haufen Zettel, auf jedem Zettel steht eine Aktivität, die meine Kinder für Regentage vorgeschlagen haben, das reicht von »Pudding kochen« bis zum »Pferdemalwettbewerb«. Wenn es regnet, versammeln wir uns feierlich bei der Kiste und ziehen mit ernsten Mienen einen Zettel, der uns sagt, was wir als Nächstes machen sollen.

Andrea Müller

Das mit den Rosinen

Irgendwann fängt ein Kind an, mit Töpfen und Tiegeln zu spielen. Dann wird getestet, was wo reinpasst und wie man etwas von da drin nach hier drin bekommt und so weiter. Unsere Tochter schnappt sich dann immer das Fläschchen, um die Töpfe mit Wasser oder Tee zu füllen – das macht das Spiel realistischer. Da das verschiedene Probleme aufwirft, die zum nicht unerheblichen Teil mit der mangelnden Umfüll-Präzision unserer Tochter zu tun haben, haben wir ihr eine Ersatzdroge angeboten: Rosinen.

Rosinen sind das ideale Topf-Spiel-Zubehör. Sie sind echt (Reality-Bonus!), man kann sie zwischendurch essen oder an Mama oder Papa verfüttern, sie sind gut umfüllbar, sie verderben nicht sofort, sie lassen sich (falls in Masse auf den Boden gefallen) leicht einsammeln oder einsaugen.

Gunnar Lott

PS:
Als Alternative oder Abwechslung zu den Rosinen kann man im Herbst Kastanien sammeln – die lassen sich ebenfalls gut zum Spielen in der Spiel-Küche verwenden. Und man kann noch das eine oder andere Exemplar zum Basteln abzwacken. *Marion*

Die einfachsten Dinge

Alte Regel: Weniger ist mehr. Das Kinderzimmer muss nicht mit haufenweise Spielzeug zugestellt sein – ein geschickt ausgewählter Motorik/Musik-Ball ist besser als fünf Spieluhren, vier Feuerwehrautos und drei Barbiepuppen.

Was die Kleinen oft noch viel mehr begeistert, sind einfache Dinge, die sich im Alltag finden lassen, die preiswert und verhältnismäßig zerstörungsresistent sind. Ein paar Beispiele:

- Wir heben die kleinen Metalldosen auf, in denen sich Lutschbonbons befinden. Ein einzelner Drop in der Dose reicht aus, um unseren Sohn zwei Zeitschriftenartikel lang wieder zu beschäftigen.
- Ein 1000er-Puzzle. Unser Sohn hat die Puzzle-Stücke an Ort und Stelle ein- und ausgeräumt, ohne sich dabei nur einen Meter zu bewegen. Und nicht wie erwartet quer in der Wohnung verteilt.
- Unser Sohn kann Stunden in einer Schüssel oder Plastikbadewanne voller Wäscheklammern verbringen.

Maria Melhorn

PS:
Unsere Kleine stand aufs Zerreißen von Katalogen und auf das Spielen mit den leeren Hüllen von Lippenpflegestiften. *Sandra Lott*

Sicherer Volltreffer: Kind (im Sommer) bis auf die Windel ausziehen, auf den Balkon setzen, ein paar Gefäße dazu, einige davon mit Wasser gefüllt, fertig. *Torsten*

Reisen und Schwimmen

Wenn wir eine lange Autofahrt vorhaben, suchen wir entlang der Strecke nach einem Schwimmbad. Dessen Besuch planen wir als Zwischenstopp ein: Im Schwimmbad kann sich unser sehr bewegungsfreudiger Sohn ein bisschen abreagieren und müde spielen. Und wir können ein paar Minuten auf einer Liege relaxen und vielleicht einen Happen essen.

Das ist ein bisschen aufwendiger als die Pause an der Raststätte, hat sich aber für uns bewährt, vor allem im Sommer.

Matthias Holtschmidt

Spielzeugtradition

Die Sache mit dem Schenken ist immer ein Problem: Die Großeltern schenken nervtötende Fahrzeuge mit Batterie und Geräusch und Blaulicht; die Freunde versorgen uns mit pädagogisch wertvollen Scheußlichkeiten. Und wir selber kaufen auch schon mal Quatsch am Flughafen oder am Bahnhof, wenn wir in Eile sind.

Die Lösung: Eine Tradition eröffnen und nur noch Geschenke einer Sorte zulassen. Wir haben uns für Zootiere entschieden: Mit jeder festlichen Gelegenheit und jedem Onkelbesuch wächst die Kollektion. Das Kind ist zufrieden, die Schenkenden ebenso.

Zootiere haben zudem den Vorteil, dass wir sie immer mit in den Zoo nehmen und dort mit den echten Tieren vergleichen, was ein netter kleiner pädagogischer Nebeneffekt ist.

anonym

Unterwegs mit dem Roller

Wir leben auf dem Land und kaufen maximal einmal pro Woche ein, dafür dann aber einen ganzen Kofferraum voll. Mein Sohn ist von den Mega-Einkäufen ziemlich genervt und mag nicht die ganze Zeit still im Wagen sitzen.

Ich löse das Problem zuweilen, indem ich seinen Roller mitnehme – da kann er schon mal vorfahren und »auschecken«, ob's die Lieblingsmarmelade gibt, neue Gebiete erforschen und generell den Bewegungsdrang ein bisschen ausleben.

So etwas geht natürlich nur in riesigen Märkten mit breiten Gängen.

Tina

Die Stillkiste

Wenn Sie Ihr erstes Kind gestillt haben, möchten Sie es in den meisten Fällen auch beim zweiten Kind versuchen. Das gestaltet sich oft schwerer als angenommen, da sich die älteren Kleinen schnell vernachlässigt fühlen. In den ersten Wochen fordert Sie das Neugeborene oftmals alle zwei Stunden zum Stillen auf, was beim Kleinkind schnell zu Langeweile führen kann.

Eine Stillkiste schafft Abhilfe! In der Stillkiste liegen Bücher zum Lesen oder Malen, ein Hörspiel, ein Motorikball oder einfach eine Kleinigkeit, die Ihren Liebling fasziniert. Wichtig ist: Es muss etwas Besonderes sein! Die Stillkiste wird von Ihnen vor dem Stillen aufgeschlossen, Sie setzen sich mit dem Baby auf die Couch und kümmern sich um sein Bedürfnis, während sich das ältere Kind einen Gegenstand aus der Kiste nehmen darf. Nach dem Stillen wird es wieder zurückgelegt.

Wenn Ihr/e Älteste/r das Geschwisterchen fragt, wann es denn endlich wieder Hunger hat – dann haben Sie es richtig gemacht …

Maria Melhorn

Spielzeug neu präsentieren

Spielzeug kann man bei kleinen Kindern ganz gut rationieren.

Zum einen wird abgespieltes Spielzeug wieder frisch, wenn man es eine Weile, vielleicht zwei Monate, verschwinden lässt und dann mit großem Hallo und Schleifchen dran als Neuware präsentiert. Zum anderen bekommen Kinder zu bestimmten Gelegenheiten mehr Spielzeug, als ihnen guttut, daher ist es ganz hilfreich, einen Teil der Geschenke erst einmal beiseitezulegen, um eine Spielzeugreizüberflutung zu vermeiden.

Man kann natürlich Spielsachen auch temporär mit anderen Kindern tauschen.

Maja

Schatzsuche im Supermarkt

Da mir Einkäufe mit nörgelnden Kindern ein Graus sind, ich aber relativ häufig frische Sachen einkaufen gehe, habe ich ein bisschen Arbeit in ein komplexes Spiel investiert, das wir seither bei fast allen Supermarktgängen spielen: die Supermarkt-Schatzsuche.

Ich habe mir eine Reihe von Bildern typischer Waren ausgedruckt (ausschneiden oder selber malen geht natürlich auch) und auf Karteikarten geklebt. Dazu habe ich eine ungefähre Karte des Supermarkts auf ein DIN-A4-Blatt gezeichnet und im Copyshop laminieren lassen. Vor dem Einkauf bekommt jedes Kind die Karten der Waren, die es suchen muss, und eine Schatzkarte mit per Filzstift eingezeichneten Kreuzen – die Kreuze symbolisieren den vermutlichen Fundort der zu suchenden Lebensmittel.

Und dann geht die Jagd los.

Wer alles schnell gefunden hat, darf sich bei der »Quengelware« an der Kasse eine kleine Belohnung aussuchen.

Phillip Müller

Weniger Bildschirmzeit

Seit Jahren nimmt die Bildschirmnutzung von Kindern zu, wobei man meist nur klassisch an TV denkt, aber SMS schreiben, mit dem Nintendo oder iPod spielen und die Nutzung eines Computers gehören natürlich auch in diese Kategorie. Ich habe daher mal ein paar allgemeine (und eher simple) Anmerkungen dazu zusammengestellt.

- Generell: kein Bildschirmgerät ins Kinderzimmer. Irgendwann ist diese Front nicht mehr zu halten, aber man sollte die unabwendbare Niederlage lange hinauszögern.
- Handy und MP3-Player und tragbare Spielkonsolen, sogenannte Handhelds, gehören zur Schlafenszeit (beispielsweise) in eine Schale im Flur, nicht ins Kinderzimmer.
- Moderne TV-Geräte, Computer und Videospielkonsolen (aber auch PC-Spiele wie »World of Warcraft«) haben in der Regel eingebaute Kontrollsysteme, bei denen man Nutzungszeiten einschränken kann.
- Der Fernseher bleibt während der Mahlzeiten aus! Überhaupt wird der Fernseher nur angeschaltet, wenn man etwas Bestimmtes anschauen will, niemals »einfach so«. Bildschirmgeräte sind keine »Babysitter«. Eltern und ältere Geschwister können da ein tolles Vorbild sein.
- Kinder, die ein organisiertes Hobby haben (Verein, Musikunterricht u. a.), sind weniger anfällig für zügellosen Fernsehkonsum.

Steven Hallhuber

Teddy-Doppelgänger

Wir wissen, wie das manchmal ist – das Kind fasst eine allumfassende Zuneigung zu einem bestimmten Kuscheltier, einer bestimmten Puppe und mag auf einmal nicht mehr ohne diesen speziellen Gefährten ins Bett gehen.

Ist ja auch nicht schlimm, aber was passiert, wenn das Ding mal kaputtgeht oder verloren wird? Das führt zum ganz großen Trän-o-rama. Wir haben daher sicherheitshalber von den kostbarsten Stücken (in unserem konkreten Fall der schwarzfüßige Teddy und die kraushaarige Puppe) einfach Doppelgänger gekauft und als Reserve im Keller gebunkert. Gehen Teddy oder Puppe stiften, kann Papa kurz mal nach unten verschwinden und dann stolz berichten, er habe das geliebte Teil soeben wiedergefunden.

Darf aber natürlich nicht auffallen, die Täuschung …

Gunnar Lott

Seifenblasen!

So wie erfahrene Erzieher(innen) stets ein Taschentuch in der Tasche haben, sollten Eltern immer auf Notfallsituationen vorbereitet sein, in denen schnell ein Spiel improvisiert werden muss, um das Kind von irgendwas abzulenken.

Bei älteren Kindern kann man leicht mit der Umgebung spielen (»Ich sehe was, was du nicht siehst« etc.), aber bei Kleinkindern ist das kniffliger. Ich habe eigentlich immer ein Seifenblasendöschen dabei:

Seifenblasen lenken zuverlässig ab, machen keinen Dreck, sind auf engem Raum einsetzbar und beschäftigen notfalls auch zwei oder drei Kinder.

Stefan M.

Malen mit Kindern

Drei schnelle Tipps zum Malen:

- Buntstifte statt Filzstifte! Bleistifte statt Kugelschreiber!
- Beim Malen (insbesondere beim Malen mit Wasserfarben) zieht man das Mal-T-Shirt an, nicht etwa das schicke Kleidchen, das die Oma zum Geburtstag geschenkt hat.
- Wenn man Wasserfarben anmischt, schadet es nicht, ein paar Tropfen Spülmittel beizugeben – das macht die Farbe leichter auswaschbar.

Linda

PS:
Die Resultate der künstlerischen Betätigung kommen bei uns in eine Mappe. Wenn die Mappe voll ist, muss mein Sohn auswählen, welches Kunstwerk er behalten will und welches entsorgt wird. So stellen wir sicher, dass bei uns nicht schubladenweise Bilder herumfliegen. *Stefanie M.*

UND WAS IST MIT MIR? –

Eltern und sonstige Probleme

Eltern-Freiräume

Wir haben früh angefangen, uns gezielt Freiräume für wichtige Tätigkeiten zu schaffen. Schon als unsere Tochter noch ein Krabbelbaby war, haben wir uns immer mal wieder ruhig hingesetzt, mit dem Laptop oder einem Buch oder auch nur der Einkaufsliste, und versucht dem Kind klarzumachen, dass jetzt etwas total Wichtiges zu tun ist, das nicht unterbrochen werden darf.

Und das haben wir immer wieder getan und zeitlich ausgeweitet. Jetzt, Jahre später, ist die Dame ganz gut daran gewöhnt, dass Papa oder Mama mal in Ruhe telefonieren oder eine E-Mail schreiben müssen. Und dann beschäftigt sie sich alleine.

Das klingt trivial, erscheint mir aber als eine wesentliche Errungenschaft, wenn ich sehe, wie viele andere Eltern am Telefon total gestresst sind, weil der Nachwuchs am Rockzipfel hängt und um Aufmerksamkeit schreit.

anonym

Ohrenstöpsel

Es klingt bizarr, aber ich meine das ernst: Es ist keine Schande, Ohrenstöpsel einzusetzen, wenn einem das Geschrei des Babys auf die Nerven geht. Insbesondere nachts.

Im Gegenteil, durch die Dämpfung wird man selbst ruhiger – und nichts kann das Kind weniger brauchen als genervte, gestresste Eltern.

Es ist übrigens nicht so, dass man das Kind gar nicht hören würde, Ohrenstöpsel dämpfen nur die schrillsten Töne.

anonym

Wer wickelt?

Unser jüngerer Sohn ist zwei und muss noch gewickelt werden. Das ist natürlich keine große Sache, das macht man bekanntlich mehrmals am Tag. Am Wochenende allerdings lässt bei mir der Elan für diese Tätigkeit ein bisschen nach, da würde ich das gerne zwischendurch mal auf den Kindsvater abschieben.

Leider kommt der Sohnemann immer erst mal zu mir, das ist er ja so gewohnt.

Ich erlaube mir daher sporadisch die winzige Gemeinheit, den Kleinen scheinheilig laut zu fragen, von wem er denn gewickelt werden wolle, von Papa oder Mama. Sagt er »Mama« – Pech, dann mache ich's eben. Meist sagt er aber »Papa«, denn den Vater sieht er unter der Woche seltener als mich und freut sich über gemeinsame Zeit, auch wenn's nur beim Wickeln ist.

Tja, und was soll der Papa gegen den mit Inbrunst vorgetragenen Wunsch des Kindes machen? »Nein« sagen kann er nicht …

anonym

An sich selber denken

Eine einfache Regel, die man leider allzu oft vergisst: Wenn man mit einem kleinen Kind rausgeht, auf den Spielplatz, ins Café oder in den Zoo, sollte man nicht nur ein zweites Set Klamotten für das Kleine einpacken, sondern …

auch noch mindestens ein alternatives Oberteil für sich selber. Ich saß schon wer weiß wie oft für die Öffentlichkeit gut sichtbar im schicken Szenecafé und hatte Kakao, Handabdrücke oder Schlimmeres auf der weißen Bluse.

anonym

Hausaufgabenhilfe vermeiden

Es gibt nichts, das sich schlechter verträgt als Mütter und die Hausaufgaben ihrer Kinder. Lagern Sie diese Aufgabe möglichst an außenstehende Personen, etwa die Damen von der Nachmittagsbetreuung in der Schule oder noch besser an einen wirklich guten Hort aus …

Dann können Sie die Zeit, die Ihnen mit Ihrem Kind bleibt, auch wirklich genießen. Den Kindern gelingt es in diesem Kontext auch viel leichter, ihre verständlichen Widerstände zu überwinden, sitzen doch Leidensgenossen neben ihnen, und der Rahmen ist klar abgesteckt, während zu Hause so viel anderes Verlockendes darauf wartet, genossen zu werden.

Ich gebe diesen (bei der Mehrheit sicher unpopulären) Ratschlag aus eigener Erfahrung mit meinen zwei Jungs.

Doris K.

CSI: Kinderzimmer

Irgendwann kommt es auch in den ordentlichsten Haushalten vor: Das Kind spielt mit Brieftasche, Handy oder Autoschlüssel, und besagter Gegenstand ist danach nicht mehr auffindbar.

Verhöre und Befragungen des Übeltäters bringen in der Regel kein Ergebnis, also müssen die Eltern zu Kleinkind-Profilern werden, sich in das Kind hineinversetzen:

Das fängt schon mal damit an, dass man sich auf die Knie niederlässt, um sich auf die Augenhöhe des Kindes zu begeben. Dann stellt man sich folgende Fragen: Wo kommt es überhaupt dran? Was sind die Lieblingsplätze? Welche Behältnisse kann es öffnen?

Klingt albern, hilft aber.

Marcus Schmidt

Hosen sparen

Wenn das Kind so in der Mitte des dritten Lebensjahres angelangt ist, ist vermutlich die Zeit nicht mehr fern, da das Kind aufs Klo oder Töpfchen gehen kann, anstatt in die Windel zu machen.

Nun sollte man davon absehen, zu eng werdende Hosen zu verschenken oder auszusortieren, denn mit dem kommenden Wegfall der Windel passen plötzlich Hosen wieder, die vorher gedrückt haben.

Karla W.

In Ruhe Sport machen

Ich will hier keine Werbung machen, aber die meisten Fitnessstudios in Großstädten haben eine eigene Kinderbetreuung, so dass man dort auch mit Kind trainieren kann. Der Besuch dort ist ein Highlight in meinem Alltag – ich kann etwas Sinnvolles für mich tun, während meine knapp dreijährige Tochter versorgt ist.

Wir machen sogar hinterher ein lustiges Ritual und duschen gemeinsam in der großen Dusche.

Sandra Lott

Wie groß wird mein Kind?

Manche Eltern möchten gerne wissen, wie groß ihr Kind mal werden wird. Ich persönlich würde empfehlen, sich beim Thema Kind mit der aktuellen Situation zu beschäftigen und sich über ungelegte Eier keine Gedanken zu machen, aber wenn man es denn unbedingt wissen will, gibt es eine einfache Faustregel, die mit den durch Studien erhobenen Durchschnittszahlen einigermaßen übereinstimmt: Messen Sie die Größe Ihres Kindes im Alter von zwei Jahren (idealerweise am zweiten Geburtstag) und verdoppeln Sie den Wert.

Das sollte ungefähr hinkommen, auch wenn's natürlich Kinder gibt, die zu Beginn ungewöhnlich schnell wachsen und dann »nachlassen«. Und umgekehrt.

Michi Schmidt

Vollüberwachung

Ich möchte kurz vor Schluss dieses Buches eine Selbstverständlichkeit ansprechen, die uns oft nicht bewusst ist. Ein Kind zu haben, das ist, als würde man vom Verfassungsschutz, von Google und von der NSA gleichzeitig rund um die Uhr überwacht.

Jeden dummen Spruch bekommt man Tage später zurück; jeder Fluch geht sofort in den Sprachschatz des Kindes ein, jede Nachlässigkeit führt zum Anspruch auf Sonderregeln (»aber Papa hat doch neulich auch die Wurst ohne Brot gegessen«).

Dagegen gibt's kein Mittel, das ist natürlich auch nicht schlimm, es ist nur wichtig, dass man sich dessen jederzeit bewusst ist: Der größte Teil der Werte, die man seinem Kind weitergibt, wird durch das eigene Beispiel vermittelt, nicht durch Regeln, Ansprachen, Lob oder Tadel.

Gunnar Lott

Gegen die Elternlangeweile

Wir alle packen täglich akribisch die Wickeltasche, denken an alle Eventualitäten, vergessen aber oft das Wichtigste: ein Buch für die Mama, falls doch mal zwischendurch ein paar Minuten Ruhe ist. Und dazu noch eine kleine Belohnung für erlebte Anstrengungen. Schokolade böte sich an. Und eine Thermoskanne.

Eltern müssen konsequent ihre Freiräume nutzen – ich habe daher beispielsweise immer den Nagellack auf der Toilette stehen, damit ich mir nebenbei noch die Nägel lackieren kann. Diesen Rückzugsraum akzeptiert meine Familie nämlich; im Wohnzimmer bin ich Freiwild.

anonym

Handy-Tattoo

Wir sind im Sommer immer am selben Strand, die Kinder kennen sich dort schon ganz gut aus. Das hat einerseits den Vorteil, dass sie ganz gut zum Eisverkäufer und zurück finden. Andererseits sind sie in der halb vertrauten Umgebung ein bisschen leichtsinnig.

Wir sind nicht überängstlich und glauben an die Vernunft unseres Nachwuchses, aber trotzdem schreiben wir dem Kleinen mit Filzstift vorsichtshalber unsere Handynummer auf den Arm, falls er doch mal verlorengeht.

Wir nennen es das »Handy-Tattoo«, unser Sohn findet das (noch) ziemlich cool. Und wir haben immerhin eine kleine Sicherheit, dass das Kind etwas dabeihat, was ihn für Fremde identifiziert.

Sandra Müller

PS:
Wir kleben unserem Sohn beim Zoobesuch immer einen Aufkleber mit Namen und Telefonnummer hinten auf die Jacke. *Lara W.*

Tagebuch führen

Man glaubt's ja immer nicht, wenn das Eltern erzählen, aber die ersten Jahre eines Kindes vergehen wirklich wie im Flug.

Was man nicht dokumentiert, geht für immer verloren. Fotos macht ja heutzutage jeder zu Tausenden, Videos auch, aber oft wird vergessen, ein paar Dinge aufzuschreiben. Ein Blog oder ein Tagebuch oder auch nur eine regelmäßige Korrespondenz mit der Oma hilft, schöne Momente festzuhalten.

Denn natürlich weiß man hinterher noch, dass die Kleine mal bei den Nachbarn das Regal umgekippt hat und wie die Taufe war, aber dass sie immer so entzückend »Platschregen statt Platzregen« gesagt hat, ist vielleicht vergessen.

Ein paar einfache Zeilen jeden Tag, das reicht schon.

Es ist auch nett, im Kalender lustige oder wichtige Ereignisse zu markieren – kann man auch beim zweiten Kind vergleichen.

Renate Schmidt

Die Klamottentauschkette

Wer in der bedauernswerten Lage ist, die Kinderklamotten für die ersten Jahre selber kaufen zu müssen (anstatt sie von Verwandten geschenkt zu bekommen), sollte mit Nachbarn, Freunden oder auch Spielplatzbekannten eine Klamottenkette aufbauen, in der abgelegte Anziehsachen von Alt nach Jung durchgereicht werden.

Wer am Ende der Kette lebt und nur profitiert, hat dabei fairerweise das älteste Kind in der Kette mit Spielzeug zu beschenken, um den Kreis zu schließen.

Henny Müller

BONUS:

Oh Gott, wir sind schwanger!

Ach, wenn man Kinder kriegt, dann nimmt man sich ja immer viel vor:

Nicht so werden wie die eigenen Eltern, den eigenen Menschenhass verstecken und die eigenen Süchte und die eigenen Ängste. Dem Nachwuchs die Liebe zu gutem Essen vermitteln, zu guten Büchern, zum richtigen Fußballclub. Toleranz lehren, zur Selbstständigkeit erziehen, loslassen können, aber trotzdem behüten. Et cetera.

Wenn man Mitte/Ende 30 ist, liegt das eigene Leben nämlich auf einigermaßen stabilen Schienen: Die Partnerfrage ist weitestgehend gelöst, der Beruf gefunden, der Plan, als Rocksänger berühmt zu werden, ist dann doch im Morast des eigenen Wesens versunken.

Da hat man Zeit zum Nachdenken und fühlt sich irgendwann irgendwie *bereit* für ein Kind. Und wenn sich eins ankündigt, schnappt man stante pede über: Bücher, Kurse, Webseiten – jeder Tropfen Wissen wird aufgesogen. Man steckt Monatsgehälter in den Ausbau des rosafarbenen oder hellblauen Kinderzimmers und meldet das Kleine schon mal prophylaktisch für Geigenunterricht, Karatekurs und das Medizinstudium an. Und gute 20 Jahre voller Überbehütung, guten Ratschlägen und Besserwisserei später wundert man sich, warum das doch so talentierte Kind neurotische Züge zeigt, das Abi abgebrochen hat und überdies dem Marihuana-Abusus frönt.

Vermutlich sollte man einen Schwarm Kinder während der ersten Hälfte der Zwanziger kriegen, dann hat man auch noch die Kraft, das durchzustehen. Und wenn man dann den Nachwuchs 20 Jahre später wieder vor die Tür setzt, ist man noch jung genug, um sich ein Jahrzehnt auf einer Mittelmeerinsel zu regenerieren und trotzdem noch ein paar produktive Jahre übrig zu haben. Aber das ist eine andere Geschichte mit ganz eigenen Problemen.

Eine der größten Gefahren für Eltern in spe ist das eigene Umfeld, das einem einen Haufen guter Ratschläge gibt, die, sehen wir der Wahrheit ins Auge, größtenteils nicht stimmen. Jeder ist, naturgemäß, Experte für sein eigenes Kind (und nicht mehr), hält sich aber für einen allgemein gewieften Kinderkenner. Die Psychologin Alice Miller beschrieb das mal so: »Eines wissen alle Eltern auf der Welt: wie die Kinder anderer Leute erzogen werden sollten.« Mir wollte ein Kollege, mehrfacher Vater, weismachen, dass Väter eigentlich in den ersten zwei Lebensjahren des Kindes nicht recht zum Zuge kämen und erst dann ihren Einsatz hätten, wenn im großen Stil Outdoor-Aktivitäten angesagt seien. Das hat sich als Unsinn herausgestellt. Ich habe mir mit meiner Frau alles geteilt, was zu teilen war – und hatte intensiven Anteil an der Babyzeit. Wozu auch die Tatsache beigetragen hat, dass wir von Anfang an Babymilch aus dem Fläschchen zugefüttert haben. Das ist unter Hardcore-Müttern verpönt, ermöglicht aber dem stillunfähigen Mann, seinen Anteil an der nächtlichen Fütterung zu tragen und die Mutter zu entlasten. Die sich dann nicht so gefesselt fühlt, weniger Risiko für Brustentzündungen trägt und generell die anstrengende Zeit besser übersteht. Überhaupt haben alle Ratschläge zum Stillen für uns nicht gestimmt. Ich würde dazu allenfalls Folgendes sagen: Keine Panik, das klappt schon. Und machen Sie es so, wie es für Sie passt. Das ist eh bei jeder Frau anders.

Wir haben auch nicht die Hälfte von dem gebraucht, was man uns als Erstausstattung aufgeschwatzt oder geschenkt hat: nicht die Wärmelampe, nicht die Wickelkommode, nicht das Stubenhäubchen, nicht den Babykostwärmer. Man muss auch nicht alles vorher in Fülle dahaben, normalerweise kann auch ein Elternteil, so man nicht im Wald lebt, mal eben zur nächsten Drogerie marschieren und ein fehlendes Teil nachkaufen. Und wo wir gerade bei nutzlosen Dingen sind: In der fortgeschrittenen Schwangerschaft sollte man (wie zu einer Hochzeit) bei einem Onlineversand oder einem Babyausstatter einen »Baby-Tisch« für die Verwandtschaft mit gerngesehenen Geschenken organisieren. Dann bekommt man nicht das 50. Stofftier, wenn man eigentlich noch eine Babybadewanne braucht.

Es war, wenn man zurückschaut, auch nur maximal eine halbclevere Entscheidung, für einen Kinderwagen 750 Euro auszugeben, weil alle unsere Bekannten das auch gemacht haben. So oft benutzt man das Gerät dann doch nicht, ein Gebrauchtwagen oder ein günstigeres Modell hätten es auch getan.

Aber hey, glauben Sie nicht mir. Meine Meinung ist auch nur eben das: meine Meinung. Hören Sie sich alles an, lesen Sie alle Bücher, die Sie wollen, aber behalten Sie eines im Auge: Das Kind zeigt Ihnen den Weg, die Natur hat das so eingerichtet. Wer sein Kind gut beobachtet und mit sich selber und seinem Partner nicht im Unreinen ist, macht auch ohne Anleitung das meiste richtig.

Gunnar Lott

PS: Zum Abschluss noch ein wirklich praktischer Tipp, um all die subjektiven Anmerkungen zu erden:

Gehen Sie während der fortgeschrittenen Schwangerschaft noch einmal ordentlich aus. Leisten Sie sich ein bisschen Luxus, solange es noch problemlos geht. Die nächste Zeit wird anstrengend.

Dank

Bücher werden, das ist eine alte Weisheit, nie von einer Person allein verfasst. Autoren laden sich im Prozess des Schreibens paketweise Schuld in den Rucksack, weil so viele Leute ihnen hilfreich mit Tipps oder Kritik oder Ideen oder Recherche zur Seite stehen, auf dem Umschlag aber stets nur der Name des Autors prangt.

In diesem Fall ist das besonders extrem, weil der größte Teil der Tipps in *Elterngeheimnisse* vom Autor nur gesammelt und umgeschrieben, nicht aber selber ausgedacht wurde. Mein Dank gilt also zuvorderst allen Müttern und Vätern, die für die Webseite www.elterngeheimnisse.de oder die zugehörige Facebook-Gruppe Tipps und Anmerkungen eingesandt haben, egal ob mit vollem Namen oder anonym. Außerdem möchte ich den Leuten aus meinem Umfeld danken, die mir Hinweise gegeben haben, insbesondere meiner Ehefrau Sandra, der Mutter unserer fantastischen Tochter Marleen Siri.

Zudem gilt mein Dank den Jungs von der Pur Zwei GbR aus Flein, die für einen sehr fairen Preis die Webseite programmiert haben, meiner großartigen Agentin Diana Stübs, ohne die ich niemals auf die Idee gekommen wäre, ein Buch zu veröffentlichen, meiner nachsichtigen und auch sonst hilfreichen Lektorin Jessica Hein, dem Illustrator Jürgen Frey, der kurzfristig die Kapitelzeichnungen übernommen hat, meinem Chef André Horn, der mir Urlaub gegeben hat, als der Abgabetermin nahte – und natürlich allen Käufern dieses Buches.

Gunnar Lott